Jean-Claude Florin

Le Cantique des cantiques

Jean-Claude Florin

Le Cantique des cantiques
la plus belle histoire d'amour

Éditions Croix du Salut

Impressum / Mentions légales
Bibliografische Information der Deutschen Nationalbibliothek: Die Deutsche Nationalbibliothek verzeichnet diese Publikation in der Deutschen Nationalbibliografie; detaillierte bibliografische Daten sind im Internet über http://dnb.d-nb.de abrufbar.
Alle in diesem Buch genannten Marken und Produktnamen unterliegen warenzeichen-, marken- oder patentrechtlichem Schutz bzw. sind Warenzeichen oder eingetragene Warenzeichen der jeweiligen Inhaber. Die Wiedergabe von Marken, Produktnamen, Gebrauchsnamen, Handelsnamen, Warenbezeichnungen u.s.w. in diesem Werk berechtigt auch ohne besondere Kennzeichnung nicht zu der Annahme, dass solche Namen im Sinne der Warenzeichen- und Markenschutzgesetzgebung als frei zu betrachten wären und daher von jedermann benutzt werden dürften.

Information bibliographique publiée par la Deutsche Nationalbibliothek: La Deutsche Nationalbibliothek inscrit cette publication à la Deutsche Nationalbibliografie; des données bibliographiques détaillées sont disponibles sur internet à l'adresse http://dnb.d-nb.de.
Toutes marques et noms de produits mentionnés dans ce livre demeurent sous la protection des marques, des marques déposées et des brevets, et sont des marques ou des marques déposées de leurs détenteurs respectifs. L'utilisation des marques, noms de produits, noms communs, noms commerciaux, descriptions de produits, etc, même sans qu'ils soient mentionnés de façon particulière dans ce livre ne signifie en aucune façon que ces noms peuvent être utilisés sans restriction à l'égard de la législation pour la protection des marques et des marques déposées et pourraient donc être utilisés par quiconque.

Coverbild / Photo de couverture: www.ingimage.com

Verlag / Editeur:
Éditions Croix du Salut
ist ein Imprint der / est une marque déposée de
OmniScriptum GmbH & Co. KG
Heinrich-Böcking-Str. 6-8, 66121 Saarbrücken, Deutschland / Allemagne
Email: info@editions-croix.com

Herstellung: siehe letzte Seite /
Impression: voir la dernière page
ISBN: 978-3-8416-9906-0

Copyright / Droit d'auteur © 2014 OmniScriptum GmbH & Co. KG
Alle Rechte vorbehalten. / Tous droits réservés. Saarbrücken 2014

Le Cantique des cantiques
(notes explicatives)

« Pour nous, nous l'aimons, parce qu'il nous a aimés le premier »
(1 Jean 4.19)

Jean-Claude FLORIN

« Je serai ton fiancé pour toujours ; je serai ton fiancé par la justice, la droiture, la grâce et la miséricorde ; je serai ton fiancé par la fidélité... » (Osée 2.21-22).

« J'appellerai mon peuple celui qui n'étais pas mon peuple, et bien-aimée celle qui n'était pas la bien-aimée » (Romains 9.25).

« Celui à qui appartient l'épouse, c'est l'époux » (Jean 3.29).

« Celui qui s'attache au Seigneur est avec lui un seul esprit »
(1 Corinthiens 6.17).

SOMMAIRE

Introduction..4

I - Chapitre 1.2 à 2.7..7

    (le bonheur de la rencontre)..7

II - Chapitre 2.8 à 3.5..22

    (manque de disponibilité)..22

III - Chapitre 3.6 à 5.1..30

    (progrès spirituels)..30

IV – Chapitre 5.2 à 6.12..43

    (appel à encore plus de consécration)...43

V – Chapitre 7.1 à 8.4...55

    (croissance dans la grâce)...55

VI – Chapitre 8.5 à 14...65

    (la maturité)..65

Psaume 45...71

Introduction

"Le Cantique des cantiques est le dernier des 5 livres poétiques de l'Ancien Testament, d'après la classification des LXX[1]. Il figure entre Job et Ruth dans les Écrits, la troisième section du canon juif. Ce livre faisait partie des 5 petits rouleaux (Megilloth) regardés comme un tout, parce qu'on le lisait lors des 5 grandes solennités commémoratives. Le Cantique, lu le huitième jour de la Pâque, était interprété allégoriquement, relativement au thème historique de l'Exode. Contrairement à ce que pourrait suggérer la répétition du mot Cantique, ce livre n'est ni un recueil de cantiques ni le principal des nombreux poèmes de Salomon. Le titre a la valeur d'un superlatif (ex : serviteur des serviteurs, Saint des saints, Seigneur des seigneurs, Cieux des cieux, Vanité des vanités : Genèse 9.25 ; Exode 26.33, en hébr. ; Deutéronome 10.17 ; 1 Rois 8.27 ; Ecclésiaste 1.2). Ce titre indique que l'œuvre est de l'ordre le plus élevé. La Vulgate[2] a traduit littéralement : Canticum Canticorum ; c'est là l'origine du titre français : Cantique des cantiques.

Personnages. Problème du nombre de personnages principaux.

Les formes grammaticales de l'hébreu original indiquant le genre et le nombre, on distingue nettement les interlocuteurs. Cependant, on peut les compter différemment. Y en a-t-il 2 principaux, outre les filles de Jérusalem, dont le rôle est analogue à celui du chœur dans les pièces grecques ? Y en a-t-il 3, prenant la parole, ou mentionnés dans les propos de la Sulamithe ? Selon cette théorie des 3 personnages (dite du berger), les interlocuteurs principaux sont : une jeune fille de la campagne, son fiancé (un berger), et Salomon. Au cours d'un voyage dans le nord du pays, Salomon et sa suite aperçoivent la jeune fille (6.10-13), l'amènent à Jérusalem, la mettent parmi les femmes du palais. Le roi essaye de la séduire, mais n'y parvient pas. La Sulamithe répond à ses flatteries par des louanges à l'adresse de son fiancé, le berger. Le jour elle languit après lui ; la nuit, elle en rêve. Elle se souvient sans cesse de ses paroles et lui demeure fidèle. Finalement les fiancés sont réunis (8.5-7). Les frères de la jeune fille louent sa résistance aux tentations. Dans tout le poème, Salomon jouerait un rôle peu reluisant, s'efforçant d'entraîner la fiancée à l'infidélité (7.1-9). D'après cette théorie des 3 personnages, le poème chante un amour pur, qui résiste aux séductions de la cour du monarque.

L'interprétation dite « du berger » allègue les exclamations passionnées de la Sulamithe à l'égard du fiancé dont elle est séparée (1.4,7 ; 2.16). Mais ces passages, et l'ensemble du poème sont beaucoup plus faciles à comprendre s'il n'y a que 2 protagonistes et si les paroles d'amour de la Sulamithe se rapportent à Salomon. La

---

[1] Version grecque de l'AT, dite des Septante
[2] Version latine de la Bible

fille des champs pense au roi comme au berger du peuple (voir Jérémie 23.4). Le langage imagé de la jeune paysanne est emprunté à la vie rustique.

Interprétation

Les 3 principales méthodes d'interprétation (allégorique, littérale et symbolique) ont des partisans. Les Juifs ont toujours beaucoup goûté le cantique des cantiques qu'ils ont tenu, en général, pour une allégorie spirituelle destinée uniquement à montrer l'amour de Dieu pour Israël, son peuple. Le fiancé représente l'Éternel. La bien-aimée, c'est Israël. L'interprétation allégorique fut introduite dans l'Église chrétienne en particulier par Origène, dont le commentaire sur le Cantique est classique : Christ devient le fiancé ; l'Église ou l'âme individuelle est la bien-aimée. L'interprétation littérale voit dans le poème un récit historique décrivant l'amour de Salomon pour une Sulamithe. L'interprétation symbolique harmonise les 2 méthodes précédentes. L'amour réciproque d'un grand roi et d'une jeune fille représente l'affection unissant l'Éternel et son peuple. Selon cette interprétation, le poème a été composé pour illustrer cette vérité religieuse importante. Il s'apparente aux Psaumes messianiques lesquels, partant des expériences de David et de Salomon, exposent des vérités relatives au Roi des rois. Le Psaume 45, par exemple, nous présente le Roi, le plus beau des fils de l'homme, et la Reine qui répond à son amour et entre resplendissante dans son palais (v1-3, 10-16). Comment ne pas discerner à nouveau dans ces deux personnages le Christ (auquel les v7-8 sont appliqués par Hébreux 1.8-9) et son Épouse ! Le Nouveau Testament lui-même compare souvent l'amour unissant l'Église et Christ, son chef, à celui de l'Époux et de l'Épouse (Éphésiens 5.25-33 ; Apocalypse 19.7-9 ; 21.9)" [3]

Ce livre (inspiré de l'Esprit) emploie des termes et des expressions qui étonnent certains lecteurs : mais là où est l'Esprit du Seigneur, là est la liberté d'expression (2 Corinthiens 3.17).

Le cantique ne nous parle pas du SALUT (ce fait semble déjà être acquis), mais de COMMUNION (de relation entre le bien-aimé et la bien-aimée). Communion qui se perd parfois, qui se retrouve, qui se perd à nouveau pour se retrouver à nouveau ; qui se maintient et qui se garde enfin. En cela nous voyons toute l'histoire d'Israël par rapport à l'Éternel, toute l'Histoire de l'Église par rapport à Christ, et toute l'histoire d'une âme en particulier par rapport à Jésus.

Nous avons rencontré le Seigneur et nous sommes dans le temps des fiançailles, un jour viendra où les noces de l'Agneau seront célébrées dans le ciel.
En attendant, restons-lui fidèle. L'Écriture emploie des termes forts en cas d'infidélité (adultère, prostitution même : car elle met en parallèle l'épouse fidèle – la

---
[3] Notes du dictionnaire biblique Emmaüs, sixième édition 1988 p. 115/116

Jérusalem céleste – et la grande prostituée, l'église apostate ou Babylone – Apocalypse chp 17 et 18 – avec bien entendu deux destinées différentes !).

Dans le livre précédent (l'Ecclésiaste) il était parlé de la recherche de tout ce qui se fait « sous le soleil » : tout est vanité, c'est la pleine déception !
Dans le Cantique des cantiques il est question de la recherche du Seigneur lui-même (notre soleil de justice), et dans ses rayons il y a une pleine satisfaction !

Ce livre nous parle donc de la place centrale que Jésus devrait avoir dans notre vie, et cela ne peut s'expérimenter que de façon progressive :

– 2.16 : « Mon bien-aimé est à moi, et je suis à lui »
(ce qui compte c'est d'abord elle, lui ensuite)

– 6.3 : « Je suis à mon bien-aimé, et mon bien-aimé est à moi »
(ce qui compte c'est d'abord lui, elle ensuite)

– 7.11 : « Je suis à mon bien-aimé »
(il n'y a plus que lui qui compte)

Paul n'a-t-il pas dit : « *Ce n'est plus moi qui vis, c'est Christ qui vit en moi* » (Galates 2.20).

Les filles de Jérusalem

Que représentent-elles ? Elles font partie de l'entourage immédiat, et ont de la sympathie pour la Sulamithe et le Bien-aimé. Mais elles semblent parfois manquer de sagesse et de discernement. On peut les comparer à des chrétiens non affermis (charnels comme le disait Paul). À trois reprises le bien-aimé doit leur dire : « *Je vous en conjure, filles de Jérusalem, par les gazelles et les biches des champs, ne réveillez pas, ne réveillez pas l'amour, avant qu'elle le veuille* » (2.7 ; 3.5 ; 8.4).

I - Chapitre 1.2 à 2.7

(le bonheur de la rencontre)

1 v 2 à 7 (la Sulamithe[4])

v2/a : « Qu'il me baise des baisers de sa bouche »

Nous avons besoin que l'amour du Seigneur se manifeste envers nous, comme le père l'a manifesté envers le fils prodigue : *« Et il se leva, et alla vers son père. Comme il était encore loin, son père le vit et fut ému de compassion, il courut se jeter à son cou et le baisa »* (Luc 15.20). Il s'agit du baiser de la réconciliation.

Nous avons l'exemple de la femme pécheresse qui *« mouilla les pieds (de Jésus) de ses larmes, puis les essuya avec ses cheveux, les baisa, et les oignit de parfum »* (Luc 7.38). C'est le baiser de la reconnaissance.

Les premiers chrétiens s'échangeaient le baiser de la paix et de l'amour fraternel : *« Saluez-vous les uns les autres par un saint baiser »* (1 Corinthiens 16.20). C'est le baiser de la communion fraternelle.

À l'opposé, les baisers d'un ennemi sont trompeurs : *« une foule arriva ; et celui qui s'appelait Judas, l'un des douze, marchait devant elle. Il s'approcha de Jésus, pour le baiser. Et Jésus lui dit : Judas, c'est par un baiser que tu livres le Fils de l'homme ! »* (Luc 22.47- 48).

v2/b : « Car ton amour vaut mieux que le vin »

le vin provient du raisin écrasé, travaillé … le vin de la cène nous rappelle le sang de Jésus versé sur la croix alors qu'il était écrasé de douleurs. Son amour vaut mieux et bien plus que le vin !
Le jour de la Pentecôte, on a dit qu'ils étaient pleins de vin doux :
mais ils étaient en train de célébrer son amour plutôt que le vin !

v3/a : « Tes parfums ont une odeur suave ; ton nom est un parfum qui se répand »

Jésus allait de lieu en lieu, répandant le parfum de la grâce et de l'amour de Dieu, opérant des guérisons, consolant les cœurs...
Il était l'oint de l'Éternel :

---
[4] Voir 7.1

« L'Esprit du Seigneur est sur moi, parce qu'il m'a oint pour annoncer une bonne nouvelle aux pauvres ; Il m'a envoyé pour guérir ceux qui ont le cœur brisé, pour proclamer aux captifs la délivrance, et aux aveugles le recouvrement de la vue, pour renvoyer libres les opprimés, pour publier une année de grâce du Seigneur » (Luc 4.18-19).

«Tu as aimé la justice, et tu as haï l'iniquité ; c'est pourquoi, ô Dieu, ton Dieu t'a oint d'une huile de joie au-dessus de tes égaux » (Hébreux 1.9).

Pour porter la bonne odeur de Christ, il faut être oint du Saint-Esprit !

Ton nom est un parfum qui se répand : sur toute la terre on aime le nom de Jésus. C'est le plus beau des noms, c'est le plus grand des dons...

v3/b : « C'est pourquoi les jeunes filles t'aiment »

Les jeunes filles, litt : « les vierges »

Elles peuvent représenter aussi l'Église, dont la Sulamithe fait partie. Paul ne disait-il pas aux Corinthiens : *« Je vous ai fiancés à un seul époux, pour vous présenter à Christ comme une vierge pure »* (2 Corinthiens 11.2).
Les jeunes filles t'aiment, mais les jeunes gens aussi, les adultes, les vieillards (sans oublier les enfants qui aiment Jésus !).

v4/a : « Entraîne-moi après toi ! Nous courrons ! »

En ces temps de séduction, ne nous laissons pas entraîner par n'importe qui, par n'importe quoi, et n'importe où :
"Seigneur attire mon cœur à toi, je te désire tout près de moi. Ma délivrance, dans le danger, c'est ta présence divin berger" [5]

« Vous couriez bien : qui vous a arrêtés pour vous empêcher d'obéir à la vérité ? Cette influence ne vient pas de celui qui vous appelle. Un peu de levain fait lever toute la pâte » (Galates 5.7), disait Paul aux chrétiens séduits par un faux enseignement.

Courons avec persévérance dans la carrière qui nous est ouverte, comme le faisait l'apôtre :

« Ce n'est pas que j'aie déjà remporté le prix ou que j'aie déjà atteint la perfection ; mais je cours, pour tâcher de le saisir, puisque moi aussi j'ai été saisi par Jésus-Christ. Frères, je ne pense pas l'avoir saisi ; mais je fais une chose : oubliant ce qui est en arrière et me portant vers ce qui est en avant, je cours vers le but, pour

---
[5] Cantique 204 AF

remporter le prix de la vocation céleste de Dieu en Jésus-Christ » (Philippiens 3.12-13).

v4/b : « Le roi m'introduit dans ses appartements ... Nous nous égaierons, nous nous réjouirons à cause de toi ; nous célébrerons ton amour plus que le vin »

Appartements : hébr = chambres

Développons notre intimité avec Jésus dans la prière :

« Quand tu pries, entre dans ta chambre, ferme ta porte, et prie ton Père qui est là dans le lieu secret ; et ton Père, qui voit dans le secret, te le rendra » (Matthieu 6.6).
Jésus nous introduit dans son palais où tout s'écrie : Gloire !
Le roi nous introduit dans son sanctuaire, au trône de la grâce !
Il y a d'abondantes joies devant sa face...dans la chambre haute !

Nous célébrerons ton amour plus que le vin : ce n'est pas le vin de la cène que nous célébrons, mais ce qu'il représente : le sang de l'Agneau, l'Agneau lui-même !

v4/c : « c'est avec raison que l'on t'aime »

On a raison de l'aimer ; la conversion est un mariage d'amour et de raison en quelque sorte !
Nous avons toutes les raisons pour l'aimer : nous l'aimons parce qu'il nous a aimés le premier (1 Jean 4.19).
Nous l'aimons, non pas seulement pour ce qu'il a fait pour nous, non pas seulement pour ce qu'il nous donne, nous l'aimons pour lui-même !

v5 à 6/a : « Je suis noire, mais je suis belle, filles de Jérusalem, comme les tentes de Kédar, comme les pavillons de Salomon. 6 Ne prenez pas garde à mon teint noir : C'est le soleil qui m'a brûlée (brunie) »

Les filles de Jérusalem : voir p.7

Kédar était une tribu arabe (les tentes de Kédar étaient confectionnées à partir de poils de chèvre noir) :

« Malheureux que je suis de séjourner à Méschec, d'habiter parmi les tentes de Kédar ! » (Psaume 120.5).
Ce n'est pas un lieu d'habitation pour un enfant de Dieu. Notre habitation, c'est la tente de la Rencontre, le Tabernacle de Dieu, c'est-à-dire la présence de Dieu !

« Je suis noire, mais je suis belle » : rien à voir avec la couleur naturelle de notre peau ! Tous les êtres humains, quelle que soit leur nationalité sont aimés en Jésus ! L'Église est multicolore !

Si la peau de la Sulamithe était si bronzée c'était à cause de son travail en plein soleil ! Celles qui étaient restées à Jérusalem (les femmes de la bonne société) avaient la peau bien plus blanche : on reconnaît ceux qui travaillent pour le Seigneur (Daniel 1.15 ; Malachie 3.18).

L'Église au travail est belle ! Toutefois, il s'agit avant tout d'une beauté intérieure :

« N'ayez pas (seulement) cette parure extérieure qui consiste dans les cheveux tressés, les ornements d'or, ou les habits qu'on revêt, mais la parure intérieure et cachée dans le cœur, la pureté incorruptible d'un esprit doux et paisible, qui est d'un grand prix devant Dieu. Ainsi se paraient autrefois les saintes femmes qui espéraient en Dieu, soumises à leurs maris, comme Sara, qui obéissait à Abraham et l'appelait son seigneur » (1 Pierre 3.3-5).

v6/b : « Les fils de ma mère se sont irrités contre moi, ils m'ont faite gardienne des vignes. Ma vigne, à moi, je ne l'ai pas gardée »

Les fils de ma mère : ses frères !
Ils se sont irrités contre elle ! Ils peuvent représenter les membres inconvertis de nos familles selon la chair qui ne comprennent pas notre engagement pour le Seigneur, et qui s'irritent parfois contre nous. Ne cédons pas à leurs exigences, gardons notre vigne (notre vie spirituelle, et notre service dans l'Église), afin que nous n'ayons pas à avouer un jour : « ma vigne à moi, je ne l'ai pas gardée ! »

Jésus n'a-t-il pas dit : *« Si le monde vous hait, sachez qu'il m'a haï avant vous. Si vous étiez du monde, le monde aimerait ce qui est à lui ; mais parce que vous n'êtes pas du monde, et que je vous ai choisis du milieu du monde, à cause de cela le monde vous hait »* (Jean 15.18-19).

v7 : « Dis-moi, ô toi que mon cœur aime, où tu fais paître tes brebis, où tu les fais reposer à midi ; car pourquoi serais-je comme une égarée près des troupeaux de tes compagnons ? »

La bien-aimée est quelque peu désorientée, égarée. Elle a besoin de retrouver le troupeau du Seigneur, car elle s'en est un peu éloignée semble-t-il !
Notre place n'est-elle pas avec les brebis du Seigneur (nos frères et sœurs en la foi) ?
Peut-être devrions-nous parfois adresser à Dieu cette prière : *« Je suis errant comme une brebis perdue ; cherche ton serviteur, car je n'oublie point tes commandements »* (Psaume 119.176).

N'oublions pas que c'est dans la communion fraternelle que le Seigneur nous renouvelle : *« Car c'est là que l'Éternel envoie la bénédiction, la vie, pour l'éternité »* (Psaume 133.3).

- Le bon berger fait *paître* ses brebis.
- Le bon berger fait *reposer* ses brebis.

(la nourriture spirituelle et le repos spirituel se trouvent auprès du Seigneur et dans sa bergerie, c'est-à-dire dans l'Église locale, notre Assemblée).

À midi : en pleine chaleur (de l'épreuve), mettons-nous à l'ombre … de la croix. Le repos se trouve dans l'œuvre de Christ au Calvaire. C'est là que nos âmes sont rafraîchies !

1.8 à 11 (Salomon)

v8/a : « Si tu ne le sais pas, ô la plus belle des femmes... »

Dans l'Église, les âmes qui vivent tout près de Jésus reflètent davantage sa beauté que celles qui n'ont pas cette proximité :

« Nous tous qui, le visage découvert, contemplons comme dans un miroir la gloire du Seigneur, nous sommes transformés en la même image, de gloire en gloire, comme par l'Esprit du Seigneur » (2 Corinthiens 3.18).

Jésus, le plus beau des fils de l'homme, reflète sur nous sa beauté :
« Tu es le plus beau des fils de l'homme, la grâce est répandue sur tes lèvres : C'est pourquoi Dieu t'a béni pour toujours » (Psaume 45.3).

v8/b : « Sors sur les traces des brebis, et fais paître tes chevreaux près des demeures des bergers »

Les chevreaux peuvent représenter les jeunes dans la foi, ou les faibles. Prendre soin d'eux n'est pas seulement l'affaire des pasteurs ou des anciens. Nous sommes tous, en quelque sorte, gardiens de nos frères (Genèse 4.9).
Sur les traces des brebis : reste en contact avec tes frères et sœurs.
Près des demeures des bergers : en collaboration avec eux.

v9 : « À ma jument qu'on attelle aux chars de Pharaon je te compare, ô mon amie »

Ce n'est qu'une comparaison ! Pour dire qu'elle devait être vive, rapide, prompte dans ses actions …

Cependant, il ne suffit pas d'avoir du zèle, encore faut-il qu'il soit spirituel et non charnel : la jument ne doit pas être attelée aux chars de Pharaon (qui représentent les façons de faire du monde), mais à celui de l'armée céleste :

« *Ceux-ci s'appuient sur leurs chars, ceux-là sur leurs chevaux ; nous, nous invoquons le nom de l'Éternel, notre Dieu. Eux, ils plient, et ils tombent ; nous, nous tenons ferme et restons debout* » (Psaume 20.7-8).

« *Les chars de l'Éternel se comptent par vingt mille, par milliers et par milliers* » (Psaume 68.18).

Nous en avons un bon exemple lorsqu'à Dothan le serviteur d'Élisée vit finalement la montagne pleine de chevaux et de chars de feu autour d'Élisée, et que celui-ci déclara à son serviteur : « *Ne crains point, car ceux qui sont avec nous sont en plus grand nombre que ceux qui sont avec eux* – les Syriens » (2 Rois 6.16).

Notre Dieu « *prend les nuées pour son char, Il s'avance sur les ailes du vent* » (Psaume 104.3).

Les chars de Pharaon ont été engloutis dans la Mer Rouge. Ceux du Seigneur subsisteront toujours !

v10-11 : « Tes joues sont belles au milieu des colliers, ton cou est beau au milieu des rangées de perles. 11 Nous te ferons des colliers d'or, avec des points d'argent »

Ce qui donne ici de la beauté au visage (aux joues), ce sont les colliers qui se portent bien entendu autour du cou.
L'Eternel ne disait-il pas à Moïse : « *Je vois que ce peuple est un peuple au cou raide* » ? (Exode 32.9).
C'est-à-dire que « *l'orgueil leur sert de collier* » (Psaume 73.6).

L'Église est l'œuvre de Dieu : il nous a donné un collier d'or, avec des points d'argent.

L'or, dans la Bible, nous parle ce qui est divin (ce qui vient d'en-haut). L'argent, de la rédemption (du rachat).
En d'autres termes : Jésus, le divin (ce collier d'or venu de Dieu),
est venu pour nous racheter (ce collier d'or a des points d'argent). Telle est notre parure !

Quand on voulait honorer quelqu'un il était de coutume de lui remettre un collier d'or :

« Belschatsar donna des ordres, et l'on revêtit Daniel de pourpre, on lui mit au cou un collier d'or et on publia qu'il aurait la troisième place dans le gouvernement du royaume » (Daniel 5.29).

Paul disait de son côté : *« Revêtez-vous du Seigneur Jésus-Christ, et n'ayez pas soin de la chair pour en satisfaire les convoitises »* (Romains 13.14).

1.12 à 14 (la Sulamithe)

v12 : « Tandis que le roi est dans son entourage, mon nard exhale son parfum »

Darby : pendant que le roi est à table.

Comme la reine de Séba, nous pouvons être à la table du roi :

« La reine de Séba vit toute la sagesse de Salomon, et la maison qu'il avait bâtie, et les mets de sa table, et la demeure de ses serviteurs, et les fonctions et les vêtements de ceux qui le servaient, et ses échansons... » (1 Rois 10.4-5).

N'oublions pas que la Sulamithe était entrée dans les appartements du roi (1.4/b) : elle peut maintenant bénéficier des mets de sa table.

Si nos corps ont besoin de nourriture, il en va de même pour nos âmes. L'homme ne vit pas de pain seulement...
Paul exhortait Timothée en ces termes : *« En exposant ces choses aux frères, tu seras un bon ministre de Jésus Christ, nourri des paroles de la foi et de la bonne doctrine que tu as exactement suivie »* (1 Timothée 4.6).

Mon nard exhale son parfum. Cela nous rappelle ce passage de l'Évangile :

« Six jours avant la Pâque, Jésus arriva à Béthanie, où était Lazare, qu'il avait ressuscité des morts. Là, on lui fit un souper ; Marthe servait, et Lazare était un de ceux qui se trouvaient à table avec lui. Marie, ayant pris une livre d'un parfum de nard pur de grand prix, oignit les pieds de Jésus, et elle lui essuya les pieds avec ses cheveux ; et la maison fut remplie de l'odeur du parfum... » (Jean 12.1-3).

Le geste de Marie est avant tout une marque de respect et d'adoration, et sans s'en rendre compte elle accomplit un geste que Jésus qualifie de prophétique !

v13 : « Mon bien-aimé est pour moi un bouquet de myrrhe, qui repose entre mes seins »

La myrrhe, sorte de résine parfumée, nous parle de la souffrance dans la Bible. Jésus est né pour souffrir :

« *Ils (les mages) entrèrent dans la maison, virent le petit enfant avec Marie, sa mère, se prosternèrent et l'adorèrent ; ils ouvrirent ensuite leurs trésors, et lui offrirent en présent de l'or, de l'encens et de la myrrhe* » (Matthieu 2.11).

Jésus est l'homme de douleur et habitué à la souffrance. Sur la croix « *ils lui donnèrent à boire du vin mêlé de myrrhe, mais il ne le prit pas* » (Marc 15.23).

Qui repose entre mes seins, expression qui pourrait tout simplement dire : sur mon cœur.
Ne sommes-nous pas appelés à porter « *toujours avec nous dans notre corps – et sur notre cœur – la mort de Jésus, afin que la vie de Jésus soit aussi manifestée dans notre corps* » ? (2 Corinthiens 4.10).

Le bouquet de myrrhe : probablement de la myrrhe enveloppée dans une sorte d'étui (ou sachet) qu'elle portait autour du cou — ce qui lui permettait de penser constamment à son bien-aimé : gardons nos cœurs et nos pensées en Jésus-Christ en portant, non une chaînette et une croix, mais la réalité de son œuvre en nous ! Non seulement le Seigneur repose sur nos cœurs, mais il est le repos de nos cœurs !

v14 : « Mon bien-aimé est pour moi une grappe de troëne des vignes d'En-Guédi »

Darby = une grappe de henné

Le henné est utilisé pour la teinture et la coloration. Le Seigneur donne à nos vies de la couleur : notre vie n'est plus en noir et blanc (comme autrefois), mais en couleurs !

Une femme qui teint ses cheveux avec du henné, ça se voit :
que Christ soit vu dans nos vies et par nos vies !

En-Guédi nous rappelle un épisode de la vie de David, lorsqu'il était poursuivi par Saül :

« *Lorsque Saül fut revenu de la poursuite des Philistins, on vint lui dire : Voici, David est dans le désert d'En-Guédi. Saül prit trois mille hommes d'élite sur tout Israël, et il alla chercher David et ses gens jusque sur les rochers des boucs sauvages...* » (1 Samuel 24.1-2).

En-Guédi veut dire : « fontaine du chevreau » ; elle se trouvait dans le désert (Oasis à l'ouest de la Mer Morte). Notre fontaine d'eau vive dans le désert de nos épreuves, c'est Jésus. Venons vers lui pour nous ressourcer :

« Il boit au torrent pendant la marche : c'est pourquoi il relève la tête » (Psaume 110.7).

1.15 (Salomon)

v15/a : « Que tu es belle, mon amie, que tu es belle ! »

L'Église est belle...aux yeux du Seigneur !
N'avons-nous pas tendance à voir l'Église...avec tous ses défauts ? Mais Dieu la regarde au travers de l'œuvre de Jésus :

«Christ a aimé l'Église, et s'est livré lui-même pour elle...afin de faire paraître devant lui cette Église glorieuse, sans tache, ni ride, ni rien de semblable, mais sainte et irrépréhensible » (Éphésiens 5.25-27).

Il y a, dans le cantique des cantiques, de nombreuses références à la beauté de l'Église : 1.5 — 1.8 — 1.15 — 2.10 — 2.13 — 4.1 — 4.7 — 5.9 — 6.1 6.4 — 6.10 — 7.7
Elle reflète la beauté du Seigneur :
«Tu es le plus beau des fils de l'homme, la grâce est répandue sur tes lèvres : C'est pourquoi Dieu t'a béni pour toujours » (Psaume 45.3).

v15/b : « Tes yeux sont des colombes »
(voir 4.1 et 5.12)

Le fond de ses yeux est blanc comme la colombe.
Une colombe (paraît-il) n'est capable de fixer qu'une chose à la fois !
Ne promenons pas nos regards dans toutes les directions : *« ayons les regards fixés sur Jésus »* (Hébreux 12.2).

La colombe nous parle de simplicité, de pureté :

« Voici, je vous envoie comme des brebis au milieu des loups. Soyez donc prudents comme les serpents, et simples comme les colombes » (Matthieu 10.16)

C'est l'un des symboles de l'Esprit, révélant l'œuvre de la croix, intercédant en nous et attestant la beauté d'un monde nouveau :

«Dès que Jésus eut été baptisé, il sortit de l'eau. Et voici, les cieux s'ouvrirent, et il vit l'Esprit de Dieu descendre comme une colombe et venir sur lui » (Matthieu 3.16).

«Je poussais des cris comme une hirondelle en voltigeant, je gémissais comme la colombe ; mes yeux s'élevaient languissants vers le ciel : Ô Éternel ! je suis dans l'angoisse, secours-moi ! Que dirai-je ? Il m'a répondu, et il m'a exaucé » (Ésaïe 38.14).

« Il (Noé) attendit encore sept autres jours, et il lâcha de nouveau la colombe hors de l'arche. La colombe revint à lui sur le soir ; et voici, une feuille d'olivier arrachée était dans son bec. Noé connut ainsi que les eaux avaient diminué sur la terre. Il attendit encore sept autres jours ; et il lâcha la colombe. Mais elle ne revint plus à lui » (Genèse 8.11).

1.16 à 2.1 (La Sulamithe)

v16 : **« Que tu es beau, mon bien-aimé, que tu es aimable ! Notre lit, c'est la verdure »**

Beau et aimable : ça ne va pas toujours ensemble !
La bonté l'emporte sur la beauté : « *Ce qui fait le charme d'un homme, c'est sa bonté* » (Proverbes 19.22).

Si Jésus, comme nous l'avons vu, est le plus beau des fils de l'homme, un autre aspect de sa personne nous est révélé,
lorsqu'il était sur la croix :

« Il s'est élevé devant lui comme une faible plante, comme un rejeton qui sort d'une terre desséchée ; Il n'avait ni beauté, ni éclat pour attirer nos regards, et son aspect n'avait rien pour nous plaire. Méprisé et abandonné des hommes, homme de douleur et habitué à la souffrance, semblable à celui dont on détourne le visage, nous l'avons dédaigné, nous n'avons fait de lui aucun cas. Cependant, ce sont nos souffrances qu'il a portées, c'est de nos douleurs qu'il s'est chargé ; et nous l'avons considéré comme puni, frappé de Dieu, et humilié. Mais il était blessé pour nos péchés, brisé pour nos iniquités ; le châtiment qui nous donne la paix est tombé sur lui, et c'est par ses meurtrissures que nous sommes guéris » (Ésaïe 53.2-5).

Le Seigneur a choisi de nous attirer par ce qui n'est pas attirant :

« Maintenant a lieu le jugement de ce monde ; maintenant le prince de ce monde sera jeté dehors. Et moi, quand j'aurai été élevé de la terre, j'attirerai tous les hommes à moi. En parlant ainsi, il indiquait de quelle mort il devait mourir » (Jean 12.32-33).

L'expression « élevé de la terre » ne fait pas allusion à l'ascension de Jésus, mais à sa mort sur la croix.

Ne nous laissons pas tromper par les apparences :

« *Bien-aimés, n'ajoutez pas foi à tout esprit ; mais éprouvez les esprits, pour savoir s'ils sont de Dieu, car plusieurs faux prophètes sont venus dans le monde. Reconnaissez à ceci l'Esprit de Dieu : tout esprit qui confesse Jésus-Christ venu en chair est de Dieu ; et tout esprit qui ne confesse pas Jésus n'est pas de Dieu, c'est celui de l'antichrist, dont vous avez appris la venue, et qui maintenant est déjà dans le monde.* (1 Jean 4.1-3).

Notre lit, c'est la verdure :

David, prenant l'image du berger, disait ceci : « *Il me fait reposer dans de verts pâturages, Il me dirige près des eaux paisibles* » (Psaume 23.2).

Le (bon) berger mène sa brebis là où elle pourra à la fois se reposer (le lit) et là où elle pourra être nourrie (la verdure, ou les pâturages)

v17 : « **Les solives de nos maisons sont des cèdres, nos lambris sont des cyprès** »

Les bois de cèdre et de cyprès se trouvaient dans le temple de Salomon :

« *Salomon en revêtit intérieurement les murs de planches de cèdre, depuis le sol jusqu'au plafond ; il revêtit ainsi de bois l'intérieur, et il couvrit le sol de la maison de planches de cyprès* » (1 Rois 6.15).

Le cèdre est grand et robuste. D'autre part les Juifs plantaient des cyprès à proximité de leurs tombes. La maison de Dieu est bâtie sur l'œuvre de celui qui a été pendu au bois et elle est solide car non seulement Jésus est mort, bien plus : il est ressuscité !

2.1 : « **Je suis un narcisse de Saron, un lis des vallées** »

Ces paroles sont prononcées par la Sulamithe !

Le narcisse est une sorte de lys ou de rose sauvage et cette fleur était méprisée en Judée.
Le lys des vallées n'était pas planté et cultivé par la main de l'homme (mais par la main de Dieu le créateur).

L'Église est bien souvent méprisée (comme le narcisse de Saron) mais le Seigneur qui l'a suscitée s'en occupe et la protège (comme le lys des vallées).

2.2 (Salomon)

v2 : « Comme un lis au milieu des épines, telle est mon amie parmi les jeunes filles »

C'est le roi qui parle ici !

Les épines sont la conséquence de la chute :

« Le sol sera maudit à cause de toi. C'est à force de peine que tu en tireras ta nourriture tous les jours de ta vie, il te produira des épines et des ronces... » (Genèse 3.18).

Malheureusement, ici, les épines représentent les filles de Jérusalem ! Car, même involontairement, elles blessent parfois.

Le prophète Ézéchiel a connu ce genre de difficulté avec ses propres compatriotes :

« Il me dit : Fils de l'homme, tiens-toi sur tes pieds, et je te parlerai. Dès qu'il m'eut adressé ces mots, l'Esprit entra en moi et me fit tenir sur mes pieds ; et j'entendis celui qui me parlait. Il me dit : Fils de l'homme, je t'envoie vers les enfants d'Israël, vers ces peuples rebelles, qui se sont révoltés contre moi ; eux et leurs pères ont péché contre moi... Qu'ils écoutent, ou qu'ils n'écoutent pas, car c'est une famille de rebelles, — ils sauront qu'un prophète est au milieu d'eux. Et toi, fils de l'homme, ne les crains pas et ne crains pas leurs discours, quoique tu aies auprès de toi des ronces et des épines... » (Ézéchiel 2.1, 6-7).

S'il nous arrive d'être blessé par nos propres compatriotes (des frères et sœurs en la foi), confions nos peines à celui qui a été couronné d'épines au milieu de son peuple et qui a dit : « Père, pardonnes-leur.. »

Celui qui est maintenant couronné de gloire et d'honneur nous aidera à rendre le bien pour le mal !

2.3 à 6 (la Sulamithe)

v3 : « Comme un pommier au milieu des arbres de la forêt, tel est mon bien-aimé parmi les jeunes hommes. J'ai désiré m'asseoir à son ombre, et son fruit est doux à mon palais »

C'est (presque) une anomalie un pommier au milieu d'une forêt !
On le reconnaît à ses fruits !

Au milieu de la forêt, de cette jungle impitoyable qu'est ce monde, nous avons rencontré le Sauveur et nous avons goûté que le Seigneur est bon ; son fruit a été doux à notre palais ;
Nous avons goûté à son pardon, à sa paix et à la joie de son salut !

J'ai désiré m'asseoir à son ombre :

« Celui qui demeure sous l'abri du Très-Haut repose à l'ombre du Tout Puissant » (Psaume 91.1).

v4 : « Il m'a fait entrer dans la maison du vin ; et la bannière qu'il déploie sur moi, c'est l'amour »

Il m'a fait entrer là où on foule le raisin (la maison du vin) :

« J'ai été seul à fouler au pressoir, et nul homme d'entre les peuples n'était avec moi... » (Ésaïe 63.3).

« Il (Jésus) était transpercé à cause de nos transgressions, écrasé à cause de nos fautes » (Ésaïe 53.5 NBS).

Jésus a accepté d'être écrasé, foulé aux pieds, pour que nous puissions goûter au vin de la nouvelle alliance ; il l'a fait par amour pour nous ; la bannière qu'il déploie sur nous, c'est l'amour.

Relevons ces paroles de Paul : *« Que Christ habite dans vos cœurs par la foi ; afin qu'étant enracinés et fondés dans l'amour,
vous puissiez comprendre avec tous les saints quelle est la largeur, la longueur, la profondeur et la hauteur, et connaître l'amour de Christ, qui surpasse toute connaissance, en sorte que vous soyez remplis jusqu'à toute la plénitude de Dieu »* (Éphésiens 3.17-19).

La bannière indique l'identité, l'appartenance : lorsque nous nous levons pour participer au repas du Seigneur, nous signifions sous qu'elle bannière nous sommes !

v5 : « Soutenez-moi avec des gâteaux de raisins, fortifiez-moi avec des pommes ; car je suis malade d'amour »

David a offert des gâteaux de raisins au peuple :

« Après qu'on eut amené l'arche de Dieu, on la plaça au milieu de la tente que David avait dressée pour elle, et l'on offrit devant Dieu des holocaustes et des sacrifices d'actions de grâces. Quand David eut achevé d'offrir les holocaustes et les sacrifices d'actions de grâces, il bénit le peuple au nom de l'Éternel. Puis il

distribua à tous ceux d'Israël, hommes et femmes, à chacun un pain, une portion de viande et un gâteau de raisins » (1 Chroniques 16.1-3).

L'Ange de l'Éternel, de son côté, offrira à l'homme de Dieu épuisé *« un gâteau cuit sur des pierres chauffées et une cruche d'eau »* (1 Rois 19.6).

La route peut être encore longue (qui sait !), nous avons besoin d'une nourriture spirituelle solide, équilibrée, car :

« Quiconque en est au lait n'a pas l'expérience de la parole de justice ; car il est un enfant. Mais la nourriture solide est pour les hommes faits, pour ceux dont le jugement est exercé par l'usage à discerner ce qui est bien et ce qui est mal » (Hébreux 5.14).

Fortifiez-moi avec des pommes : le pommier au milieu de la forêt ne donne-t-il pas des fruits excellents ? Christ n'est-il pas notre nourriture ?

Car je suis malade d'amour : quelle belle maladie ! Puissions-nous ne jamais en guérir ! (voir 5.8)

v6 : « Que sa main gauche soit sous ma tête, et que sa droite m'embrasse ! »

Le Seigneur nous entoure de ses bras protecteurs, comme l'a dit le psalmiste :

« Car tu bénis le juste, ô Eternel ! Tu l'entoures de ta grâce comme d'un bouclier » (Psaume 5.13).

À noter également ce que disait Moïse aux enfants d'Israël :
« Le Dieu d'éternité est un refuge, et sous ses bras éternels est une retraite » (Deutéronome 33.27).

2.7 (Salomon)

v7 : « Je vous en conjure, filles de Jérusalem, par les gazelles et les biches des champs, ne réveillez pas, ne réveillez pas l'amour, avant qu'elle le veuille »

repris en 3.5 et 8.4

Les gazelles et les biches des champs sont des animaux farouches (il suffit de peu de choses pour les faire fuir).
Ne faut-il pas agir délicatement avec ceux qui passent du temps auprès du Seigneur ? Évitons de les troubler, de les déranger dans leur communion avec Dieu !

La pensée pourrait être la suivante : Laissez la Sulamithe être tout entière à son bien-aimé ; le moment voulu, quand elle le jugera bon, elle saura prendre le temps de vous manifester l'amour dont vous avez besoin ! Attendez qu'elle en prenne l'initiative.

II - Chapitre 2.8 à 3.5

(manque de disponibilité)

2.8-9 (la Sulamithe)

v8 : « C'est la voix de mon bien-aimé ! Le voici, il vient, sautant sur les montagnes, bondissant sur les collines »

Jésus vient. Il vient avec rapidité...pour nous visiter, pour nous secourir, pour s'entretenir avec nous.

Les montagnes et les collines (c'est-à-dire les grosses difficultés ou les petites), ne sont pas des obstacles insurmontables pour lui ; elles ne peuvent nous séparer de lui :

« Qui nous séparera de l'amour de Christ ? Sera-ce la tribulation, ou l'angoisse, ou la persécution, ou la faim, ou la nudité, ou le péril, ou l'épée ? selon qu'il est écrit : C'est à cause de toi qu'on nous met à mort tout le jour, qu'on nous regarde comme des brebis destinées à la boucherie. Mais dans toutes ces choses nous sommes plus que vainqueurs par celui qui nous a aimés.
Car j'ai l'assurance que ni la mort ni la vie, ni les anges ni les dominations, ni les choses présentes ni les choses à venir, ni les puissances, ni la hauteur, ni la profondeur, ni aucune autre créature ne pourra nous séparer de l'amour de Dieu manifesté en Jésus-Christ notre Seigneur » (Romains 8.35-39).

C'est la voix de mon bien-aimé : ses brebis entendent sa voix. Le voici, il vient . . . à Nazareth, à Capernaüm, à Béthanie et là où nous sommes, pour nous apporter la vie et la bénédiction !

v9/a « Mon bien-aimé est semblable à la gazelle ou au faon des biches »

Rien ne peut l'arrêter. Il vient avec agilité. Il est sorti vainqueur du tombeau. Il ne vient ni trop tôt, ni trop tard. Son pas n'est pas lent ! Il accourt vers toi, tel un coursier, il t'annonce une bonne nouvelle (l'hiver est passé, le temps de chanter est arrivé : voir v11).
Il n'envoie pas seulement un ange ou un messager humain : il vient lui-même !
Il va venir en personne sur les nuées du ciel : serons-nous prêts ?

« Ce Jésus, qui a été enlevé au ciel du milieu de vous, viendra de la même manière que vous l'avez vu allant au ciel » (Actes 1.11).

v9/b : « Le voici, il est derrière notre mur, Il regarde par la fenêtre, Il regarde par le treillis[6] »

C'est bien d'être à l'intérieur, entouré d'un mur (de protection, de sécurité), mais nous sommes aussi appelés à « sortir ».
Après avoir été assise à la table du roi dans le palais (1.12), il faut qu'elle se lève et qu'elle sorte (« *Un semeur sortit pour semer* » – Matthieu 13.4).

S'il y a des fenêtres, c'est pour regarder à l'extérieur, c'est-à-dire pour se rendre compte des besoins de ce monde.
Nous sommes appelés à entretenir notre intimité (communion personnelle), avec le Seigneur ; mais nous sommes aussi appelés à accomplir les bonnes œuvres qu'il a préparées pour nous (Éphésiens 2.10).

Le contexte nous montre que la bien-aimée est couchée (3.1).

« *Cela importe d'autant plus que vous savez en quel temps nous sommes : c'est l'heure de vous réveiller enfin du sommeil, car maintenant le salut est plus près de nous que lorsque nous avons cru. La nuit est avancée, le jour approche. Dépouillons-nous donc des œuvres des ténèbres et revêtons les armes de la lumière* » (Romains 13.11-14).

« *C'est pour cela qu'il est dit : Réveille-toi, toi qui dors, relève-toi d'entre les morts, et Christ t'éclairera* » (Éphésiens 5.14).

2.10 à 15 (Salomon)

v10 : « Mon bien-aimé parle et me dit : Lève-toi, mon amie, ma belle, et viens ! »

C'est l'apôtre Paul qui nous rappelle notre vocation : Nous sommes ouvriers avec Dieu. Jésus, de son côté, nous dit :

« *Suivez-moi, et je vous ferai pêcheurs d'hommes* » (Matthieu 4.19).

L'injonction : « Lève-toi, mon amie, ma belle, et viens », n'est donc pas inutile. Notre cœur est oublieux parfois ! Ne l'a-t-il pas rappelé au fil du temps à ses serviteurs :

- Lève-toi Élie :

« *Il se coucha et s'endormit sous un genêt. Et voici, un ange le toucha, et lui dit : Lève-toi, mange. Il regarda, et il y avait à son chevet un gâteau cuit sur des pierres chauffées et une cruche d'eau. Il mangea et but, puis se recoucha. L'Ange de*

---
[6] Grille en bois des maisons orientales

l'Éternel vint une seconde fois, le toucha, et dit : Lève-toi, mange, car le chemin est trop long pour toi. Il se leva, mangea et but ; et avec la force que lui donna cette nourriture, il marcha quarante jours et quarante nuits jusqu'à la montagne de Dieu, à Horeb » (1 Rois 19.5-8).

- Lève-toi Jonas :

« *l'Éternel fit souffler sur la mer un vent impétueux, et il s'éleva sur la mer une grande tempête. Le navire menaçait de faire naufrage. Les mariniers eurent peur, ils implorèrent chacun leur dieu, et ils jetèrent dans la mer les objets qui étaient sur le navire, afin de le rendre plus léger. Jonas descendit au fond du navire, se coucha, et s'endormit profondément. Le pilote s'approcha de lui, et lui dit : Pourquoi dors-tu ? Lève-toi, invoque ton Dieu ! Peut-être voudra-t-il penser à nous, et nous ne périrons pas.* » (Jonas 1.4-7).

- Levez-vous, disciples à Gethsémané :

« *Jésus alla avec eux dans un lieu appelé Gethsémané, et il dit aux disciples : Asseyez-vous ici, pendant que je m'éloignerai pour prier. Il prit avec lui Pierre et les deux fils de Zébédée, et il commença à éprouver de la tristesse et des angoisses. Il leur dit alors : Mon âme est triste jusqu'à la mort ; restez ici, et veillez avec moi. Puis, ayant fait quelques pas en avant, il se jeta sur sa face, et pria ainsi : Mon Père, s'il est possible, que cette coupe s'éloigne de moi ! Toutefois, non pas ce que je veux, mais ce que tu veux. Et il vint vers les disciples, qu'il trouva endormis, et il dit à Pierre : Vous n'avez donc pu veiller une heure avec moi !
Veillez et priez, afin que vous ne tombiez pas dans la tentation ; l'esprit est bien disposé, mais la chair est faible. Il s'éloigna une seconde fois, et pria ainsi : Mon Père, s'il n'est pas possible que cette coupe s'éloigne sans que je la boive, que ta volonté soit faite ! Il revint, et les trouva encore endormis ; car leurs yeux étaient appesantis. Il les quitta, et, s'éloignant, il pria pour la troisième fois, répétant les mêmes paroles. Puis il alla vers ses disciples, et leur dit : Vous dormez maintenant, et vous vous reposez ! Voici, l'heure est proche, et le Fils de l'homme est livré aux mains des pécheurs. Levez-vous, allons ; voici, celui qui me livre s'approche* » (Matthieu 26.36-46).

v11 : « Car voici, l'hiver est passé ; la pluie a cessé, elle s'en est allée »

Durant l'hiver (la mauvaise saison) nous apprécions le coin du feu ! On écoule des jours heureux, mais il faut passer à une autre saison ; le mauvais temps a cessé. Ce qui nous empêchait de sortir n'est plus ; plus d'excuses pour rester à l'intérieur !

Il y a des hivers spirituels (des mauvaises saisons), mais Dieu vient et il apporte des temps nouveaux :

« Voici, je vais faire une chose nouvelle, sur le point d'arriver : Ne la connaîtrez-vous pas ? Je mettrai un chemin dans le désert, et des fleuves dans la solitude » (Ésaïe 43.19).

« Repentez-vous donc et convertissez-vous, pour que vos péchés soient effacés, afin que des temps de rafraîchissement viennent de la part du Seigneur » (Actes 3.19-20).

« Car je vais faire en vos jours une œuvre, une œuvre que vous ne croiriez pas si on vous la racontait » (Actes 13.41).

v12 : « Les fleurs paraissent sur la terre, le temps de chanter[7] est arrivé, et la voix de la tourterelle se fait entendre dans nos campagnes »

Si l'hiver est passé, c'est le printemps ! Après la mort, c'est la vie : tout ressuscite. Après le sommeil, c'est le réveil. Jésus s'est relevé d'entre les morts et nous sommes ressuscités avec lui !
Le temps de chanter (le message de la résurrection) est arrivé :
c'est l'appel à l'évangélisation !
La tourterelle est un oiseau migrateur (il n'est là que pour un temps) : nous ne faisons que passer sur la terre. Nous sommes des étrangers et des voyageurs. C'est le moment ou jamais de servir Dieu !

La voix de la tourterelle se fait entendre dans nos campagnes : évangélisons nos villes, nos villages, mais pensons aussi à nos campagnes !

v13 : « Le figuier embaume ses fruits, et les vignes en fleur exhalent leur parfum. Lève-toi, mon amie, ma belle, et viens ! »

3 arbres symbolisent Israël : La vigne, le figuier et l'olivier.

Le prophète Habakuk les mentionne tous les trois :

« Le figuier ne fleurira pas, la vigne ne produira rien, le fruit de l'olivier manquera » (Habakuk 3.17).

* La vigne nous parle d'Israël en tant que peuple choisi de Dieu :
« La vigne de l'Éternel des armées, c'est la maison d'Israël, et les hommes de Juda, c'est le plant qu'il chérissait » (Ésaïe 5.7).

* Le figuier nous parle d'Israël en tant qu'état (nation) :
« Instruisez-vous par une comparaison tirée du figuier. Dès que ses branches deviennent tendres, et que les feuilles poussent, vous connaissez que l'été est proche.

---

[7] De psalmodier (de chanter les Psaumes)

De même, quand vous verrez toutes ces choses, sachez que le Fils de l'homme est proche, à la porte » (Matthieu 24.32-33).

* L'olivier (l'huile) nous parle d'Israël en tant que peuple témoin de Dieu (notamment pendant le millénium) :
*« Si quelques-unes des branches ont été retranchées, et si toi, qui étais un olivier sauvage, tu as été greffé à leur place, et rendu participant de la racine et de la graisse de l'olivier, ne te glorifie pas aux dépens de ces branches. Si tu te glorifies, sache que ce n'est pas toi qui portes la racine, mais que c'est la racine qui te porte...
....Si toi, tu as été coupé de l'olivier naturellement sauvage, et greffé contrairement à ta nature sur l'olivier franc, à plus forte raison eux seront-ils greffés selon leur nature sur leur propre olivier »* (Romains 11.12-24).

Une nouvelle fois, nous trouvons cette parole : *« Lève-toi, mon amie, ma belle et viens ! »* (voir v10)

v14/a : **« Ma colombe, qui te tiens dans les fentes du rocher, qui te caches dans les parois escarpées »**

La colombe (outre les qualités dont nous avons déjà parlé en 1.15) possède un autre aspect : la faiblesse et la fragilité (d'où le besoin qu'elle a de se tenir dans les fentes des rochers, de se cacher dans les parois escarpées) :

Demeurons dans le Rocher (Christ), et cachons-nous en lui :
« Car vous êtes morts, et votre vie est cachée avec Christ en Dieu. Quand Christ, votre vie, paraîtra, alors vous paraîtrez aussi avec lui dans la gloire » (Colossiens 3.3).

v14/b : **« Fais-moi voir ta figure, fais-moi entendre ta voix ; car ta voix est douce, et ta figure est agréable »**

Fais-moi voir ta figure peut signifier l'adoration ou la contemplation (Moïse parlait à Dieu face à face).
Fais-moi entendre ta voix peut nous parler de la prière (Dieu prend plaisir à nous écouter).

v15 : **« Prenez-nous les renards, les petits renards qui ravagent les vignes ; car nos vignes sont en fleur »**

De même que les petits renards ravagent les vignes, de petites choses ravagent parfois les Églises (critiques, refus de pardonner, manque d'égards, de courtoisie...)
C'est souvent quand il y a des nouvelles âmes que l'ennemi envoie ces « petits renards » car il ne supporte pas de voir les vignes en fleur !
Capturons ces petits renards et jetons-les hors de la vigne ; soyons-en les gardiens.

2.16 à 3.4 (La Sulamithe)

v16 : « Mon bien-aimé est à moi, et je suis à lui ; Il fait paître (son troupeau [8]) parmi les lis »

Pour les 3 stades de la vie spirituelle : 2.16 ; 6.3 ; 7.11 ; voir page 6.

Il fait paître parmi les lis. Nous avons vu que l'Église était comme un lis parmi les épines (2.2).
Les lis (au pluriel) semblent indiquer l'ensemble de ceux qui se disent chrétiens, mais le Seigneur s'occupe des siens d'une manière toute particulière !

v17 : « Avant que le jour se rafraîchisse, et que les ombres fuient, reviens ! ... sois semblable, mon bien-aimé, à la gazelle ou au faon des biches, sur les montagnes qui nous séparent »

Nous pouvons adresser à Dieu cette prière : avant la fin du jour, avant la nuit totale, reviens dans nos Églises, dans nos familles, dans nos vies, viens encore nous visiter et répand ton Esprit comme aux jours d'autrefois !
Viens rapidement et balaie tous les obstacles (les montagnes qui nous séparent de toi).

3.1 : « Sur ma couche, pendant les nuits, j'ai cherché celui que mon cœur aime ; je l'ai cherché, et je ne l'ai point trouvé ... »

Comme il est dit que le Seigneur se laisse trouver par ceux qui le cherchent de tout leur cœur, on peut en déduire qu'elle ne l'a pas cherché de cette manière !

On peut, sans s'en rendre compte, davantage aimer ressentir sa présence que prendre plaisir à l'obéissance !
On peut davantage aimer sa paix et sa joie que la soumission à sa volonté !
Il y a une grande différence entre se servir de Dieu et servir Dieu !
On a tous cette tendance naturelle à rechercher les avantages de la vie chrétienne et à vouloir éviter les souffrances qu'elle peut occasionner !
Le trône est plus agréable que la croix : mais il faut passer par la croix pour parvenir au trône !

v2 : « Je me lèverai, et je ferai le tour de la ville[9], dans les rues et sur les places ; je chercherai celui que mon cœur aime ... Je l'ai cherché, et je ne l'ai point trouvé »

---

[8] L'expression ne figure pas dans le texte original
[9] de Jérusalem

On se dit : cette fois-ci, elle va trouver son bien-aimé, car elle se lève enfin et le cherche avec beaucoup de zèle : eh bien non !

Il y a une justice de Dieu ! Pourquoi le Seigneur nous répondrait-il immédiatement alors que lorsqu'il nous appelait nous n'avons pas répondu aussitôt ?
Mais ce qu'il y a de positif dans ce verset c'est cette parole : je chercherai celui que mon cœur aime ! Le Seigneur sait que nous l'aimons réellement malgré nos faiblesses ; il ne va pas trop tarder à lui répondre de peur qu'elle ne se décourage et que l'ennemi n'en profite pour la déstabiliser !

v3 : « Les gardes qui font la ronde dans la ville m'ont rencontrée : Avez-vous vu celui que mon cœur aime ? »

Le Seigneur place des gardes sur sa route ! C'est la providence de Dieu. Ils peuvent représenter des frères qui veillent sur l'Eglise (à la manière des gardes qui veillent sur la ville).

v4/a : « À peine les avais-je passés, que j'ai trouvé celui que mon cœur aime ; je l'ai saisi, et je ne l'ai point lâché jusqu'à ce que je l'aie amené dans la maison de ma mère, dans la chambre de celle qui m'a conçue. »

Quel bonheur quand on retrouve le contact avec Jésus !
On ne veut plus le lâcher !

Dans certaines situations il semble qu'on perd le sentiment de la présence de Jésus, mais il est toujours là ! Le Seigneur agit ainsi afin de nous apprendre à marcher par la foi et non par nos impressions ou nos émotions.

La Sulamithe a besoin en quelque sorte de revenir au point de départ de sa vie : je l'ai amené dans la maison de ma mère, dans
la chambre de celle qui m'a conçue, dit-elle.
Il est bon, après avoir retrouvé le contact avec le Seigneur de nous réfugier dans l'intimité de sa présence et de nous refaire une santé spirituelle, de revenir comme au point de départ de notre vie chrétienne (de notre nouvelle naissance). Toutefois, ce regard en arrière doit être de courte durée ; ne nous complaisons pas dans la nostalgie du passé. Nous sommes plutôt encouragés à aller de l'avant :

« Ce n'est pas que j'aie déjà remporté le prix, ou que j'aie déjà atteint la perfection ; mais je cours, pour tâcher de le saisir, puisque moi aussi j'ai été saisi par Jésus-Christ. Frères, je ne pense pas l'avoir saisi ; mais je fais une chose : oubliant ce qui est en arrière et me portant vers ce qui est en avant, je cours vers le but, pour remporter le prix de la vocation céleste de Dieu en Jésus-Christ » (Philippiens 3.12-14).

3.5 (Salomon)

v5 : « **Je vous en conjure, filles de Jérusalem, par les gazelles et les biches des champs, ne réveillez pas, ne réveillez pas l'amour, avant qu'elle le veuille** »

Ici, ce texte peut prendre le sens suivant : Laissez-la tranquille ! Qu'elle tire leçon de tout ce qu'elle vient de vivre. Ne l'ennuyez pas. Elle a commis des erreurs, mais elle va se ressaisir. Je la prépare pour une nouvelle étape !

III - Chapitre 3.6 à 5.1

(progrès spirituels)

3.6-11 (anonyme)

Note : Il y a des textes dans la Bible (certains Psaumes, l'Épître aux Hébreux...) qui sont anonymes ! Nous n'en connaissons pas l'auteur (humain), mais nous savons qu'ils sont inspirés du Saint-Esprit, comme le reste des Écritures (2 Timothée 3.16).

v6/a : « Qui est celle qui monte du désert, comme des colonnes de fumée »

Ici il s'agit vraisemblablement d'Israël qui sort de l'Égypte, et plus loin d'Israël qui sort des nations (voir 8.5/a).
Elle monte du désert, expression qui veut dire : elle quitte le sud pour se diriger vers le nord. Elle quitte l'Égypte pour aller vers Canaan. Il pourrait donc y avoir une allusion à l'exode des enfants d'Israël au temps de Moïse.
Au milieu des colonnes de fumée : le peuple était guidé le jour par une colonne de nuée et la nuit par une colonne de feu.
Une colonne est synonyme de stabilité et de fiabilité : la direction de Dieu dans le désert est sûre !

v6/b : « au milieu des vapeurs de myrrhe et d'encens et de tous les aromates des marchands ? »

C'est une allusion à l'huile sainte et au parfum (Exode 30.22-38) ; l'huile sainte pour l'onction d'Aaron et des sacrificateurs et le parfum pour l'autel des parfums (voir p.55).

Enseignement pour nous : nous sommes sortis d'Égypte (le monde) par le sang de l'Agneau (notre Pâque) et Dieu nous conduit par sa nuée céleste (le Saint-Esprit). Laissons-nous oindre de son huile sainte, afin de porter la bonne odeur de Christ dans le désert de ce monde et entrons dans une vie de victoire (pays de Canaan)

v7/a : « Voici la litière de Salomon »

Il pourrait s'agir, d'après certains commentateurs, d'un trône portatif ! N'oublions pas que si Israël a pu sortir de l'Égypte, c'est parce que leur Roi marchait devant eux !

Un trône portatif : le règne du Seigneur ne concerne pas seulement les cieux, mais aussi la terre (sur laquelle il régnera un jour), ainsi que nos cœurs (dans lesquels il veut régner aujourd'hui, en tous lieux, en tout temps et en toutes circonstances).

v7/b et 8 : « autour d'elle 60 vaillants hommes, des plus vaillants d'Israël.

8 Tous sont armés de l'épée, sont exercés au combat ; chacun porte l'épée sur sa hanche, en vue des alarmes nocturnes »

Les rois terrestres ont leur garde rapprochée, mais notre Roi céleste a une armée céleste à sa disposition, prête à intervenir à n'importe quel moment (1 Rois 22.19 ; Apocalypse 5.11).
N'oublions pas que Dieu est le Dieu des armées (célestes) et que Jésus est le Chef de l'armée de l'Éternel (Josué 5.14).

**v9-10 : « Le roi Salomon s'est fait une litière de bois du Liban.
10 Il en a fait les colonnes d'argent, le dossier d'or, le siège de pourpre ; au milieu est une broderie, œuvre d'amour des filles de Jérusalem »**

Ce trône (portatif) était (comme son nom l'indique) porté à bras d'homme, tout comme l'arche de l'alliance était portée par les Lévites. Cet arche symbolisait, prophétiquement parlant, la présence visible de Christ au milieu de son peuple.
Il fallait que le roi soit vu et qu'on puisse l'admirer !
À nous de faire de même : portons le roi, faisons-le connaître pour qu'il soit aimé et glorifié : "portons la nouvelle partout..."

- les colonnes d'argent : il est celui qui nous a rachetés (l'argent représentant la rédemption).
- le dossier d'or : Jésus est le Fils de Dieu (l'or représentant la divinité).
- le siège de pourpre : symbole de la royauté.
- une broderie (œuvre d'amour) : ne fait pas de la broderie qui veut ! Il faut prendre le bon modèle, les bons fils, les bonnes couleurs et avoir une bonne dose de patience...la motivation est essentielle : pour la gloire de Dieu ; à l'exemple de Dorcas (Actes 9.36-39) qui aurait pu dire :

«Mon œuvre est pour le roi ! » (Psaume 45.2).

Nos œuvres témoignent de la réalité de notre amour pour le Seigneur :

« Car nous sommes son ouvrage, ayant été créés en Jésus-Christ pour de bonnes œuvres, que Dieu a préparées d'avance, afin que nous les pratiquions » (Éphésiens 2.10).

v11 : « Sortez, filles de Sion, regardez le roi Salomon, avec la couronne dont sa mère l'a couronné le jour de ses fiançailles, le jour de la joie de son cœur »

Le sacre de Salomon est rapporté en 1 Rois 1.22-40. L'Église (la Sulamithe) est (actuellement) la fiancée du Roi des rois (lequel est sur son trône céleste) et nous faisons la joie de son cœur.
4.1 à 16/a (Salomon)

v1/a : « Que tu es belle, mon amie, que tu es belle ! »

On finit toujours par ressembler à ceux avec lesquels nous avons décidé de vivre :

« Leurs idoles sont de l'argent et de l'or, elles sont l'ouvrage de la main des hommes.... Ils leur ressemblent, ceux qui les fabriquent, tous ceux qui se confient en elles » (Psaume 115.4-8).

Inversement, plus on passe de temps avec Jésus, plus on permet au Saint-Esprit de nous communiquer ce qui le concerne car il a dit :

« Quand le consolateur sera venu, l'Esprit de vérité, il vous conduira dans toute la vérité ; car il ne parlera pas de lui-même, mais il dira tout ce qu'il aura entendu, et il vous annoncera les choses à venir. Il me glorifiera, parce qu'il prendra de ce qui est à moi, et vous l'annoncera. Tout ce que le Père a est à moi ; c'est pourquoi j'ai dit qu'il prend de ce qui est à moi, et qu'il vous l'annoncera » (Jean 16.13-15).

Paul a beaucoup développé ce thème, en voici quelques exemples :

« Car ceux qu'il a connus d'avance, il les a aussi prédestinés à être semblables à l'image de son Fils, afin que son Fils fût le premier-né entre plusieurs frères » (Romains 8.29).

« Et de même que nous avons porté l'image du terrestre, nous porterons aussi l'image du céleste »
(1 Corinthiens 15.49).

« Nous tous qui, le visage découvert, contemplons comme dans un miroir la gloire du Seigneur, nous sommes transformés en la même image, de gloire en gloire, par l'Esprit du Seigneur » (2 Corinthiens 3.8).

v1/b : « Tes yeux sont des colombes, derrière ton voile »
(voir 1.15)

Nous ne sommes pas appelés à divulguer toutes nos expériences spirituelles avec le Seigneur : les plus profondes doivent rester cachées (elles sont entre le Seigneur et nous), lui seul a le droit de pénétrer « au delà du voile » :

« Lorsque Moïse eut achevé de leur parler, il mit un voile sur son visage. Quand Moïse entrait devant l'Éternel, pour lui parler, il ôtait le voile, jusqu'à ce qu'il sortît ; et quand il sortait, il disait aux enfants d'Israël ce qui lui avait été ordonné. Les enfants d'Israël regardaient le visage de Moïse, et voyaient que la peau de son

visage rayonnait ; et Moïse remettait le voile sur son visage jusqu'à ce qu'il entrât, pour parler avec l'Éternel » (Exode 34.33-35).

v1/c : «Tes cheveux sont comme un troupeau de chèvres, suspendues aux flancs de la montagne de Galaad »

Elle devait avoir une abondante chevelure :

« La nature elle-même ne vous enseigne-t-elle pas que c'est une honte pour l'homme de porter de longs cheveux, mais que c'est une gloire pour la femme d'en porter, parce que la chevelure lui a été donnée comme voile ? » (1 Corinthiens 11.14-15).

La pensée de l'Esprit est la suivante : il y a une différence entre un homme et une femme, et cela doit se remarquer dans tous les domaines (même l'aspect extérieur).

Il y avait des exceptions (dans le cas d'un vœu de naziréat par exemple, c'est-à-dire de séparation et de consécration à l'Éternel) :

« Pendant tout le temps de son naziréat, le rasoir ne passera point sur sa tête ; jusqu'à l'accomplissement des jours pour lesquels il s'est consacré à l'Éternel, il sera saint, il laissera croître librement ses cheveux » (Nombres 6.5).

Mais ce n'était certainement pas le cas pour Absalom :

« Il n'y avait pas un homme dans tout Israël aussi renommé qu'Absalom pour sa beauté ; depuis la plante du pied jusqu'au sommet de la tête, il n'y avait point en lui de défaut. Lorsqu'il se rasait la tête, — c'était chaque année qu'il se la rasait, parce que sa chevelure lui pesait, — le poids des cheveux de sa tête était de deux cents sicles (plus de 2 kilos), poids du roi » (2 Samuel 14.25-26).

Sa chevelure lui a été préjudiciable :

« Absalom se trouva en présence des gens de David. Il était monté sur un mulet. Le mulet pénétra sous les branches entrelacées d'un grand térébinthe, et la tête d'Absalom fut prise au térébinthe ; il demeura suspendu entre le ciel et la terre, et le mulet qui était sous lui passa outre » (2 Samuel 18.9).

La suite on la connaît... !

v2 : « Tes dents sont comme un troupeau de brebis tondues, qui remontent de l'abreuvoir ; toutes portent des jumeaux, aucune d'elles n'est stérile »

Les bébés n'ont pas de dents, ils n'en on pas besoin !
Plus tard ils en auront besoin pour prendre une nourriture solide.

Des brebis tondues qui remontent de l'abreuvoir sont propres : il faut savoir entretenir ses dents ! Ne prenons pas trop de friandises : elles provoquent des caries ! Au plan spirituel ne prenons pas n'importe qu'elle nourriture !

Aucune d'elle n'est stérile : il y a une symétrie parfaite entre les incisives, les canines, les prémolaires, les molaires et les dents de sagesse ; Dieu a bien fait les choses !

La première phase de la digestion se passe dans la bouche, d'où la nécessité de bien mâcher les aliments. La manière de se nourrir est aussi importante que la quantité d'aliments absorbée : la quantité de chapitres bibliques lus sans assimilation, réflexion et prière n'assurent pas notre santé spirituelle. C'est une grâce de Dieu d'avoir quelque chose à se « mettre sous la dent », pour autant, choisissons bien nos lectures et méditons les saintes Écritures selon la conduite de l'Esprit.

v3/a : « Tes lèvres sont comme un fil cramoisi, et ta bouche est charmante »

Le psalmiste disait : « *Éternel, mets une garde à ma bouche, veille sur la porte de mes lèvres !* » (Paume 141.3).

Le fil cramoisi (Josué 2.21) représente la fidélité à la parole donnée.
Le Seigneur a purifié nos lèvres, dans le but de le célébrer par notre vie et par nos louanges :

Ésaïe disait *: « Malheur à moi ! je suis perdu, car je suis un homme dont les lèvres sont impures, j'habite au milieu d'un peuple dont les lèvres sont impures, et mes yeux ont vu le Roi, l'Éternel des armées. Mais l'un des séraphins vola vers moi, tenant à la main une pierre ardente, qu'il avait prise sur l'autel avec des pincettes. Il en toucha ma bouche, et dit : Ceci a touché tes lèvres ; ton iniquité est enlevée, et ton péché est expié »* (Ésaïe 6.6-7).

« *Par lui (par Jésus), offrons sans cesse à Dieu un sacrifice de louange, c'est-à-dire le fruit de lèvres qui confessent son nom* » (Hébreux 13.15).

v3/b : « Ta joue est comme une moitié de grenade, derrière ton voile »

Ses joues (qu'on ne voyait qu'à moitié à cause du voile) avaient l'apparence de ce fruit rouge qu'est la grenade : symbole d'une bonne santé !

« *Moi (Jésus), je suis venu afin que les brebis aient la vie, et qu'elles soient dans l'abondance* » (Jean 10.10).

v4 : « Ton cou est comme la tour de David, bâtie pour être un arsenal ; 1000 boucliers y sont suspendus, tous les boucliers des héros »

Le cou, dans la Bible, est soit le symbole de l'orgueil, soit le symbole de la soumission :

Symbole d'orgueil :

« *Sachant que tu es endurci, que ton cou est une barre de fer, et que tu as un front d'airain...* » (Ésaïe 48.4).

« *Hommes au cou raide, incirconcis de cœur et d'oreilles ! vous vous opposez toujours au Saint-Esprit. Ce que vos pères ont été, vous l'êtes aussi* » (Actes 7.51).

Symbole de soumission :

« *Lorsqu'ils eurent amené ces rois devant Josué, Josué appela tous les hommes d'Israël, et dit aux chefs des gens de guerre qui avaient marché avec lui : Approchez-vous, mettez vos pieds sur les cous de ces rois. Ils s'approchèrent, et ils mirent les pieds sur leurs cous* » (Josué 10.24).

Soumettons-nous volontairement à notre divin Josué :

« *Venez à moi, vous tous qui êtes fatigués et chargés, et je vous donnerai du repos. Prenez mon joug sur vous et recevez mes instructions, car je suis doux et humble de cœur ; et vous trouverez du repos pour vos âmes. Car mon joug est doux, et mon fardeau léger* » (Matthieu 11.28-30).

Notre force (notre tour de David), c'est d'être soumis au Seigneur (c'est notre arsenal, ce sont nos boucliers) ; nous en avons besoin pour nos combats. Nos armes (les armes de Dieu) sont décrites en Éphésiens 6.10 à 18.
Pour autant, n'oublions pas la promesse de Dieu :
« *L'Éternel, votre Dieu, qui marche devant vous, combattra lui-même pour vous* » (Deutéronome 1.30).

v5 : « **Tes deux seins sont comme deux faons, comme les jumeaux d'une gazelle, qui paissent au milieu des lis** »

Avec les dents, l'épouse se nourrit (comme nous l'avons vu).
Avec les seins elle pourra nourrir.
Il y a plus de bonheur à donner qu'à recevoir !
Nous qui avons le privilège d'être nourri par la Parole, pensons également à donner le lait spirituel et pur aux agneaux du troupeau !
Paul disait à des nouveaux convertis : « *Nous avons été pleins de douceur au milieu de vous. De même qu'une nourrice prend un tendre soin de ses enfants...* » (1 Thessaloniciens 2.7).

Et Jacob à Ésaü, son frère : « *Mon seigneur sait que les enfants sont délicats, et que j'ai des brebis et des vaches qui allaitent ; si l'on forçait leur marche un seul jour, tout le troupeau périrait. Que mon seigneur prenne les devants sur son serviteur ; et moi, je suivrai lentement, au pas du troupeau qui me précédera, et au pas des enfants...* » (Genèse 33.13-14).

v6 : « Avant que le jour se rafraîchisse, et que les ombres fuient, j'irai à la montagne de la myrrhe et à la colline de l'encens »

Ce verset nous fait penser à Joseph d'Arimathée et à Nicodème (Jean 19.38-42).

Ils sont venus avant que le jour se rafraîchisse, et que les ombres fuient (avant la fin de la journée) à la montagne de la myrrhe (le mont Golgotha : la myrrhe étant synonyme de mort dans la Bible) et à la colline de l'encens (le sacrifice de Jésus a été un sacrifice de bonne odeur : Éphésiens 5.2).

v7 : « Tu es toute belle, mon amie, et il n'y a point en toi de défaut »

Tout ce qu'elle est, elle le doit à son bien-aimé (il en est de même pour nous) : Jésus est mort, a été enseveli, il est ressuscité et il est à la droite de Dieu priant pour chacun d'entre nous (Romains 8.31-35).

Dieu n'aperçoit pas d'iniquité en Jacob (Nombres 23.21) et Jésus est l'Agneau de Dieu sans défaut (Exode 12.5 ; 1 Pierre 1.19).

L'Église (comme cela a déjà été dit) est vue au travers de l'œuvre de Jésus : *«sans tache, ni ride, ni rien de semblable, mais sainte et irrépréhensible »* (Éphésiens 5.27).

La conversion a supprimé les défauts les plus flagrants de la vie passée (2 Corinthiens 5.17) et la sanctification élimine les autres petit à petit (2 Corinthiens 7.1) ; elle est l'œuvre de toute la vie.

v8 : « Viens avec moi du Liban, ma fiancée, viens avec moi du Liban ! Regarde du sommet de l'Amana, du sommet du Senir et de l'Hermon, des tanières des lions, des montagnes des léopards »

Une fois encore le bien-aimé dit : « Viens avec moi ! » : Jésus doit souvent nous répéter les mêmes choses, et cela nous est salutaire !
Pour avoir une bonne vision des choses il faut savoir monter sur les hauteurs (de l'Amana, du Senir ou de l'Hermon) ; nous avons besoin d'une bonne vision spirituelle en effet, car il y a des tanières de lions et des montagnes de léopards, c'est-à-dire de l'adversité (nous n'avons pas à lutter contre la chair et le sang...).
La beauté de la bien-aimée ne doit pas lui faire perdre de vue qu'elle a un combat spirituel à soutenir !

Nous avons tout ce qu'il nous faut pour vaincre :

- Amana signifie fidèle
- Senir : armure
- Hermon : montagne sacrée

Comptons sur celui qui est *fidèle*, combattons avec son *armure* et il nous enverra la rosée de l'Hermon (sa *montagne sacrée*).

v9 : « Tu me ravis le cœur, ma sœur, ma fiancée, tu me ravis le cœur par l'un de tes regards, par l'un des colliers de ton cou »

Bien que les termes employés sont synonymes dans le Cantique, il y a, dans la vie, une progression (chronologie) à respecter : d'abord une sœur, ensuite une fiancée et enfin une épouse !

Par l'un de tes regards. Le regard, en la circonstance, nous parle d'amour :

« *L'Éternel dit : J'ai vu la souffrance de mon peuple qui est en Égypte, et j'ai entendu les cris que lui font pousser ses oppresseurs, car je connais ses douleurs. Je suis descendu pour le délivrer de la main des Égyptiens...* » (Exode 3.7-8).

« *Le soir étant venu, la barque était au milieu de la mer, et Jésus était seul à terre. Il vit qu'ils avaient beaucoup de peine à ramer ; car le vent leur était contraire. À la quatrième veille de la nuit environ, il alla vers eux, marchant sur la mer...* » (Marc 6.48).

Les yeux du Seigneur ne font pas que parcourir toute la terre : il vient toujours secourir ceux dont le cœur est tout entier à lui !

Tu me ravis le cœur par l'un de tes regards : ce qui réjouit le Seigneur, c'est lorsque nous regardons à lui et vers lui ; non seulement pour recevoir une bénédiction, mais simplement pour l'admirer, le louer...

« *Quand on tourne vers lui les regards, on est rayonnant de joie, et le visage ne se couvre pas de honte* » (Psaume 34.6).

Par l'un des colliers de ton cou : si l'orgueil sert parfois de collier (Psaume 73.6 : « *l'orgueil leur sert de collier* »), le Seigneur voit et apprécie l'humilité dans la vie de ses rachetés !

v10 : « Que de charmes dans ton amour, ma sœur, ma fiancée ! Comme ton amour vaut mieux que le vin, et combien tes parfums sont plus suaves que tous les aromates ! »

« L'Éternel, ton Dieu, est au milieu de toi, comme un héros qui sauve ; Il fera de toi sa plus grande joie ; Il gardera le silence dans son amour ; Il aura pour toi des transports d'allégresse » (Sophonie 3.17).

Nous ne sommes pas toujours conscients de l'amour extrême qu'a le Seigneur à notre égard et à quel point il se réjouit au milieu de nous !

Tes parfums : nous sommes pour Dieu la bonne odeur de Christ (2 Corinthiens 2.15) N'oublions pas que les gens ne sont pas seulement touchés par nos paroles, mais aussi par notre vie : ils « sentent » (si je puis ainsi parler) qu'il y a quelque chose hors du commun en nous, et ce quelque chose les attire ; en fait ce n'est pas seulement quelque chose, c'est quelqu'un (Christ, qui vit en nous).

Qu'on ne puisse jamais dire à notre sujet : « Par ses paroles il construit, mais par sa vie il détruit ! »

v11 : **« Tes lèvres distillent le miel, ma fiancée ; il y a sous ta langue du miel et du lait, et l'odeur de tes vêtements est comme l'odeur du Liban »**

Nous vivons, au plan spirituel, dans un pays où coulent le lait et le miel, nourrissons-nous des meilleures productions du pays ; nous garderons une bonne santé spirituelle :

« L'Éternel seul a conduit son peuple, et il n'y avait avec lui aucun dieu étranger. Il l'a fait monter sur les hauteurs du pays, et Israël a mangé les fruits des champs ; Il lui a fait sucer le miel du rocher, l'huile qui sort du rocher le plus dur, la crème des vaches et le lait des brebis, avec la graisse des agneaux, des béliers de Basan et des boucs, avec la fleur du froment ; et tu as bu le sang du raisin, le vin » (Deutéronome 32.12-14).

L'odeur de tes vêtements :
« La neige du Liban abandonne-t-elle le rocher des champs ? Ou voit-on tarir les eaux qui viennent de loin, fraîches et courantes ? » (Jérémie 18.14).

La neige nous parle de fraîcheur et de sainteté. C'est notre position élevée en Christ dans les lieux célestes qui nous permet de répandre sur la terre ce qui vient de lui.

v12 : **« Tu es un jardin fermé, ma sœur, ma fiancée, une source fermée, une fontaine scellée »**

La première demeure de Dieu pour l'homme fut un jardin (Eden = délices ; Genèse 2.15). Il devait le cultiver et le garder.

Que notre jardin soit fermé, que la source soit scellée :

« Garde ton cœur plus que toute autre chose, car de lui viennent les sources de la vie » (Proverbes 4.23).

Notre jardin est privé. Personne ne doit y pénétrer de peur qu'il ne soit piétiné. Seul le bien-aimé (le seul propriétaire) a le droit d'entrer : il est sur ses terres !

Notre jardin doit être entretenu :

« J'ai passé près du champ d'un paresseux, et près de la vigne d'un homme dépourvu de sens.
Et voici, les épines y croissaient partout, les ronces en couvraient la face, et le mur de pierres était écroulé. J'ai regardé attentivement, et j'ai tiré instruction de ce que j'ai vu. Un peu de sommeil, un peu d'assoupissement, un peu croiser les mains pour dormir ! ... Et la pauvreté te surprendra, comme un rôdeur, et la disette, comme un homme en armes » (Proverbes 24.30-33).

À noter que si c'est dans un jardin qu'Adam a été vaincu, c'est dans un autre jardin que Jésus sera victorieux (Gethsémané) et dans un autre qu'il sera crucifié (Golgotha) :

« Jésus alla avec ses disciples de l'autre côté du torrent du Cédron, où se trouvait un jardin, dans lequel il entra, lui et ses disciples » (Jean 18.1).

« Il y avait un jardin dans le lieu où Jésus avait été crucifié » (Jean 19.41).

v13 et 14 : **« Tes jets forment un jardin, où sont des grenadiers, avec les fruits les plus excellents, les troënes avec le nard ;**
14 le nard et le safran, le roseau aromatique et le cinnamome, avec tous les arbres qui donnent l'encens ; la myrrhe et l'aloès, avec tous les principaux aromates »

Il y a toutes sortes de fruits !

Attaché au Bien-aimé nous portons des fruits excellents :

« Je suis le cep, vous êtes les sarments. Celui qui demeure en moi et en qui je demeure porte beaucoup de fruit, car sans moi vous ne pouvez rien faire... Ce n'est pas vous qui m'avez choisi ; mais moi, je vous ai choisis, et je vous ai établis, afin que vous alliez, et que vous portiez du fruit, et que votre fruit demeure, afin que ce que vous demanderez au Père en mon nom, il vous le donne » (Jean 15.1-16).

« Le fruit de l'Esprit, c'est l'amour, la joie, la paix, la patience, la bonté, la douceur, la fidélité, la douceur, la tempérance » (Galates 5.22).

Il y en a des aromates, comme dans la composition de l'huile servant à oindre Aaron et les sacrificateurs :

« L'Éternel parla à Moïse, et dit : Prends des meilleurs aromates, cinq kilos de myrrhe, de celle qui coule d'elle-même ; la moitié, soit deux kilos ½, de cinnamome aromatique, deux kilos ½ de roseau aromatique, cinq kilos de casse, selon la valeur étalon du sanctuaire, et six litres d'huile d'olive. Tu feras avec cela une huile pour l'onction sainte, composition de parfums selon l'art du parfumeur ; ce sera l'huile pour l'onction sainte. Tu en oindras la tente d'assignation et l'arche du témoignage, la table et tous ses ustensiles, le chandelier et ses ustensiles, l'autel des parfums, l'autel des holocaustes et tous ses ustensiles, la cuve avec sa base. Tu sanctifieras ces choses, et elles seront très saintes, tout ce qui les touchera sera sanctifié. Tu oindras Aaron et ses fils, et tu les sanctifieras, pour qu'ils soient à mon service dans le sacerdoce » (Exode 30.22-30).

Il y en a des saveurs, des odeurs, des couleurs ... !

v15 : **« Une fontaine des jardins, une source d'eaux vives, des ruisseaux du Liban »**

En Éden un fleuve sortait pour arroser le jardin (Genèse 2.10).
Dans le Paradis céleste un fleuve d'eau vive, limpide comme du cristal sort du trône de Dieu et de l'Agneau (Apocalypse 22.1) ; mais dès aujourd'hui des fleuves d'eaux vives peuvent et doivent jaillir de nos cœurs :

« Le dernier jour, le grand jour de la fête (des tabernacles), Jésus, se tenant debout, s'écria : Si quelqu'un a soif, qu'il vienne à moi, et qu'il boive. Celui qui croit en moi, des fleuves d'eau vive couleront de son être intérieur, comme dit l'Écriture. Il dit cela de l'Esprit que devaient recevoir ceux qui croiraient en lui ; car l'Esprit n'était pas encore (répandu), parce que Jésus n'avait pas encore été glorifié » (Jean 7.37-39).

v16/a : **« Lève-toi, aquilon ! viens, autan ! Soufflez sur mon jardin, et que les parfums s'en exhalent ! »**

Pour que l'Église (et chaque chrétien en particulier) répande la bonne odeur de Christ, il lui faut le souffle de l'Esprit ! Jésus est venu l'apporter :

« Il souffla sur eux, et leur dit : Recevez les prémices du Saint-Esprit » (Jean 20.21).

« Le jour de la Pentecôte, ils étaient tous ensemble dans le même lieu. Tout à coup il vint du ciel un bruit comme celui d'un vent impétueux, et il remplit toute la maison où ils étaient assis... » (Actes 2.1-2).

La promesse est pour chacun d'entre nous !

Le vent du nord est froid. Le vent du midi est chaud. Il y a deux aspects de la vie de l'Esprit :
- il doit parfois tempérer nos ardeurs (par le vent du nord)
- il doit parfois réchauffer nos cœurs (le vent du midi)

l'Esprit est un Esprit d'équilibre !

D'autre part, l'Esprit ouvre et ferme des portes (Actes 16.6-10).

4.16/b (la Sulamithe)

v16/b : *« Que mon bien-aimé entre dans son jardin, et qu'il mange de ses fruits excellents ! »*

Le jardin est fermé (comme nous l'avons vu), mais pas pour le Jardinier ! C'est son jardin, c'est sa propriété, ce sont ses fruits...c'est sa bien-aimée ! Notre vie toute entière, sous tous ses aspects, appartient au Seigneur :

« Ne savez-vous pas que votre corps est le temple du Saint-Esprit qui est en vous, que vous avez reçu de Dieu, et que vous ne vous appartenez point à vous-mêmes ? Car vous avez été rachetés à un grand prix. Glorifiez donc Dieu dans votre corps et dans votre esprit, qui appartiennent à Dieu » (1 Corinthiens 6.19-20).

5.1/a (Salomon)

5.1/a : *« J'entre dans mon jardin, ma sœur, ma fiancée ; je cueille ma myrrhe avec mes aromates, je mange mon rayon de miel avec mon miel, je bois mon vin avec mon lait ... »*

C'est donc son jardin ! L'Église est la propriété du Seigneur Jésus-Christ (Matthieu 16.18 : « Je bâtirai *mon* Église »)
L'Église n'est la propriété d'aucun être humain !

Tout appartient au Seigneur :
mon jardin, *ma* sœur, *ma* fiancée, *ma* myrrhe, *mes* aromates, *mon* rayon de miel, *mon* miel, *mon* vin, *mon* lait... !

5.1/b (la Sulamithe)

5.1/b : « Mangez, amis, buvez, enivrez-vous d'amour ! »

Suivons le conseil de la bien-aimée : mettons-nous à la table du Seigneur...et lançons l'invitation à ceux qui nous entourent !

IV – Chapitre 5.2 à 6.12

(appel à encore plus de consécration)

5.2 à 8 (la Sulamithe)

v2/a : « J'étais endormie, mais mon cœur veillait … »

Si l'on a besoin, au plan naturel, de sommeil, celui-ci est préjudiciable au plan spirituel. Souvenons-nous :

- Samson s'est endormi sur les genoux de Delila.
- Élie sous un genêt.
- Jonas dans le bateau.
- Les disciples dans le jardin de Gethsémané.
- Eutychus sur le bord de la fenêtre.

Il est difficile de dormir et de veiller en même temps !

Le Seigneur nous voit...et vient pour nous réveiller !

v2/b : « C'est la voix de mon bien-aimé, qui frappe : Ouvre-moi, ma sœur, mon amie, ma colombe, ma parfaite ! »

Si Dieu nous parle tantôt dune manière, tantôt d'une autre (Job 33.14), il nous parle d'abord par sa parole ! Comme pour la bien-aimée, il frappe à notre porte :

« *Voici, je me tiens à la porte, et je frappe. Si quelqu'un entend ma voix et ouvre la porte, j'entrerai chez lui, je souperai avec lui, et lui avec moi. Celui qui vaincra, je le ferai asseoir avec moi sur mon trône, comme moi j'ai vaincu et me suis assis avec mon Père sur son trône* » (Apocalypse 3.20-21).

« *Cela importe d'autant plus que vous savez en quel temps nous sommes : c'est l'heure de vous réveiller enfin du sommeil, car maintenant le salut est plus près de nous que lorsque nous avons cru. La nuit est avancée, le jour approche* » (Romains 13.11).

Malgré notre somnolence, le Seigneur continue à nous appeler comme autrefois : ma sœur, mon amie, ma colombe, ma parfaite ! Quelle patience, quel amour !

v2/c : « Car ma tête est couverte de rosée, mes boucles sont pleines des gouttes de la nuit »

Jésus vient avec une bénédiction (la rosée, les gouttes de la nuit). La rosée se forme la nuit !

Parmi les bénédictions prononcées par Moïse, celle adressée à Joseph nous concerne également :

« Sur Joseph il dit : Son pays recevra de l'Éternel, en signe de bénédiction, le meilleur don du ciel, la rosée » (Deutéronome 33.13).

Et Dieu dit : *« Je serai comme la rosée pour Israël, il fleurira comme le lis, et il poussera des racines comme le Liban »* (Osée 14.5).

"Comme une terre altérée soupire après l'eau du ciel, nous appelons la rosée de ta grâce, Emmanuel !
Fraîches rosées, descendez sur nous tous ! O divines ondées, venez arrosez-nous !" [10]

Durant nos nuits d'épreuve, le Seigneur prépare des bénédictions pour nous les apporter le matin d'un jour nouveau !

v3 : « J'ai ôté ma tunique ; comment la remettrais-je ? J'ai lavé mes pieds ; comment les salirais-je ? »

Étrange réponse ! Va-t-elle se priver de la bénédiction ?
L'esprit est bien disposé, la chair est faible !
Elle préfère rester couchée ! Elle préfère son confort à la présence de son bien-aimé.
Ne la blâmons pas si vite : on se reconnaît dans son attitude !

v4 : « Mon bien-aimé a passé la main par la fenêtre[11], et mes entrailles se sont émues pour lui »

On peut être « ému » sans pour autant obéir ! Éprouver des sentiments ou des émotions, cela ne suffit pas : Dieu désire notre obéissance à sa voix !

v5 : « Je me suis levée pour ouvrir à mon bien-aimé ; et de mes mains a dégoutté la myrrhe, de mes doigts, la myrrhe répandue sur la poignée du verrou »

Le bien-aimé a laissé les traces de son passage : la myrrhe sur la poignée du verrou (s'il l'avait voulu, il aurait donc pu ouvrir lui-même !).
Il y a de la myrrhe sur les mains de Jésus (ses mains percées à la croix) : c'est le Christ ressuscité qui veut nous visiter !
C'est lui qui nous dit encore aujourd'hui : Ouvre-moi !

---

[10] Extrait du cantique 145 AF
[11] Par l'ouverture, sans doute un trou dans la porte, par lequel il pouvait actionner le verrou (note NBS)

v6/a : « J'ai ouvert à mon bien-aimé ; mais mon bien-aimé s'en était allé, il avait disparu. J'étais hors de moi, quand il me parlait. Je l'ai cherché, et je ne l'ai point trouvé ; je l'ai appelé, et il ne m'a point répondu »

Le bien-aimé n'a pas attendu ! Il est parti !
Remarque : il n'a pas dû frapper qu'une seule fois ! On se retrouve vraiment dans son expérience : pour n'avoir pas répondu à la voix de l'Esprit, il s'est éloigné !
(sans nous délaisser pour autant, sans nous abandonner...mais en nous donnant une leçon de vie spirituelle)

v7 : « Les gardes qui font la ronde dans la ville m'ont rencontrée ; ils m'ont frappée, ils m'ont blessée ; ils m'ont enlevé mon voile, les gardes des murs »

Parmi ceux qui sont chargés de veiller sur nous, nous pouvons en rencontrer certains qui nous infligeront une correction (fraternelle) : ils m'ont frappée, ils m'ont blessée ! N'y voyons pas un manque d'amour ou de la dureté : derrière tout cela, il y a un vrai souci de préserver les brebis du Seigneur que nous sommes.

Les blessures d'un ami prouvent sa fidélité (Proverbes 27.6) :

« Vous n'avez pas encore résisté jusqu'au sang, en luttant contre le péché. Et vous avez oublié l'exhortation qui vous est adressée comme à des fils : Mon fils, ne méprise pas la correction du Seigneur, et ne perds pas courage lorsqu'il te reprend ; car le Seigneur corrige celui qu'il aime, et il frappe de la verge tous ceux qu'il reconnaît pour ses fils. Supportez la correction : c'est comme des fils que Dieu vous traite ; car quel est le fils qu'un père ne corrige pas ? Mais si vous êtes exempts de la correction à laquelle tous ont part, vous êtes donc des enfants illégitimes, et non des fils. D'ailleurs, puisque nos pères selon la chair nous ont corrigés, et que nous les avons respectés, ne devons-nous pas à bien plus forte raison nous soumettre au Père des esprits, pour avoir la vie ? Nos pères nous corrigeaient pour peu de jours, comme ils le trouvaient bon ; mais Dieu nous corrige pour notre bien, afin que nous participions à sa sainteté. Il est vrai que toute correction semble d'abord un sujet de tristesse, et non de joie ; mais elle produit plus tard pour ceux qui ont été ainsi exercés un fruit paisible de justice. Fortifiez donc vos mains languissantes et vos genoux affaiblis ; et suivez avec vos pieds des voies droites, afin que ce qui est boiteux ne dévie pas, mais plutôt se raffermisse » (Hébreux 12.4-11).

v8 : « Je vous en conjure, filles de Jérusalem, si vous trouvez mon bien-aimé, que lui direz-vous ? ... que je suis malade d'amour »

Quand on a tant soit peu « décroché » de notre communion avec Dieu, quand on est en manque, on a tendance à se confier à ceux qui n'ont pas le même niveau spirituel que nous (ici : les filles de Jérusalem).

Privé de la présence de son bien-aimé, elle en éprouve de la souffrance, preuve de son amour : elle est malade d'amour (voir 2.5).

5.9 (les filles de Jérusalem)

v9 : « Qu'a ton bien-aimé de plus qu'un autre, ô la plus belle des femmes ? Qu'a ton bien-aimé de plus qu'un autre, pour que tu nous conjures ainsi ? »

Leur question prouve à l'évidence qu'elles ne réalisent pas qui est le bien-aimé ! Un peu comme les disciples lors de la tempête apaisée :
« Alors il se leva, menaça les vents et la mer, et il y eut un grand calme. Ces hommes furent saisis d'étonnement : Quel est celui-ci, disaient-ils, à qui obéissent même les vents et la mer ? » (Matthieu 8.26-27).

Pour notre part : *« Connaissons, cherchons à connaître le Seigneur ; sa venue est aussi certaine que celle de l'aurore. Il viendra pour nous comme la pluie, comme la pluie du printemps qui arrose la terre »* (Osée 6.3).

5.10 à 16 (la Sulamithe)

v10 : « Mon bien-aimé est blanc et vermeil ; Il se distingue entre dix mille »

La sainteté du Seigneur n'est plus à démontrer : mon bien-aimé est blanc (symbole de sainteté, de pureté) ; il est plein de vie (vermeil), mieux encore : il est la vie !

Il se distingue entre 10 000 : il y a eu bon nombre de faux-christs depuis 20 siècles de christianisme, mais 1 seul est le vrai : Jésus notre Sauveur et Seigneur :

« Car plusieurs (beaucoup de) séducteurs sont entrés dans le monde, qui ne confessent point que Jésus-Christ est venu en chair. Celui qui est tel, c'est le séducteur et l'antichrist » (2 jean 7).

« Il n'y a de salut en aucun autre (qu'en Jésus) ; car il n'y a sous le ciel aucun autre nom qui ait été donné parmi les hommes, par lequel nous devions être sauvés » (Actes 4.12).

v11 : « Sa tête est de l'or pur ; ses boucles sont flottantes, noires comme le corbeau »

Dans la vision de la statue de Daniel, la tête d'or représentait le roi de l'empire babylonien (Daniel 2.32, 38).

Dans la description du bien-aimé, la tête d'or représente Jésus, le Roi d'un empire bien plus considérable en étendue et qui ne passera jamais : le royaume éternel de Dieu !

Dans la vision accordée à l'apôtre Jean à Patmos, Jésus est vu avec des cheveux blancs comme la neige (Apocalypse 1.14). Ici il est vu avec des cheveux noirs comme le corbeau :
d'un côté, l'honneur (Proverbes 16.31), de l'autre la force.

v12 : « *Ses yeux sont comme des colombes au bord des ruisseaux, se baignant dans le lait, reposant au sein de l'abondance* »

Ah ! Le regard du Seigneur : « *Le Seigneur, s'étant retourné, regarda Pierre. Et Pierre se souvint de la parole que le Seigneur lui avait dite : Avant que le coq chante aujourd'hui, tu me renieras trois fois. Et étant sorti, il pleura amèrement* » (Luc 22.62).
Ce n'était toutefois pas un regard de condamnation !

Son regard sur la foule :

« *Voyant la foule, il fut ému de compassion pour elle, parce qu'elle était languissante et abattue, comme des brebis qui n'ont point de berger* » (Matthieu 9.36).

C'est toujours ce bon regard qu'il pose sur chacun d'entre nous !

v13/a : « *Ses joues sont comme un parterre d'aromates, une couche de plantes odorantes* »

Il respire la vie ! Mais cette vie, il va la donner et ses joues seront meurtries, le sang va couler (mais il s'en dégagera un parfum de grâce) :
« *Les soldats tressèrent une couronne d'épines qu'ils posèrent sur sa tête, et ils le revêtirent d'un manteau de pourpre ; puis, s'approchant de lui, ils disaient : Salut, roi des Juifs ! Et ils lui donnaient des soufflets (gifles)* » (Jean 19.2-3).

Ésaïe l'avait prophétisé : « *J'ai livré mon dos à ceux qui me frappaient, et mes joues à ceux qui m'arrachaient la barbe ; je n'ai pas dérobé mon visage aux ignominies et aux crachats* » (Ésaïe 50.6).

v13/b : « *Ses lèvres sont des lis, d'où découle la myrrhe* »

Dans paroles de grâce sortaient de sa bouche (Luc 4.22), mais ici de ses lèvres découle la myrrhe, comme Marc le souligne :

« Ils conduisirent Jésus au lieu nommé Golgotha, ce qui signifie lieu du crâne. Ils lui donnèrent à boire du vin mêlé de myrrhe, mais il ne le prit pas » (Marc 15.23).

v14/a : « **Ses mains sont des anneaux d'or, garnis de chrysolithes** »

Les mains parlent de travail : Jésus est venu pour accomplir une œuvre (qu'il va achever : celle de la rédemption). Il va inaugurer une ère nouvelle (c'est-à-dire la nouvelle alliance, symbolisée par les anneaux ; ceux-ci sont en or : c'est une œuvre divine).
Les mains de Jésus : celles d'un petit enfant, celles du charpentier, celles qu'il posera sur les malades, celles qui serviront à multiplier les pains, à bénir les petits enfants...celles qui seront percés sur la croix, enfin celles qui béniront les disciples le jour de l'Ascension !

Daniel avait vu Jésus garni de chrysolithes :

« Le vingt-quatrième jour du premier mois, j'étais au bord du grand fleuve qui est Hiddékel. Je levai les yeux, je regardai, et voici, il y avait un homme vêtu de lin, et ayant sur les reins une ceinture d'or d'Uphaz. Son corps était comme de **chrysolithe**, *son visage brillait comme l'éclair, ses yeux étaient comme des flammes de feu, ses bras et ses pieds ressemblaient à de l'airain poli, et le son de sa voix était comme le bruit d'une multitude »* (Daniel 10.5-6).

Cette pierre figurait sur le pectoral du Souverain sacrificateur :

Dieu avait dit à Moïse : *« Tu feras le pectoral du jugement, artistement travaillé ; tu le feras du même travail que l'éphod, tu le feras d'or, de fil bleu, pourpre et cramoisi, et de fin lin retors. Il sera carré et double ; sa longueur sera d'un empan, et sa largeur d'un empan. Tu y enchâsseras une garniture de pierres, quatre rangées de pierres : première rangée, une sardoine, une topaze, une émeraude ; seconde rangée, une escarboucle, un saphir, un diamant ; troisième rangée, une opale, une agate, une améthyste ; quatrième rangée,* **une chrysolithe**, *un onyx, un jaspe. Ces pierres seront enchâssées dans leurs montures d'or. Il y en aura douze, d'après les noms des fils d'Israël ; elles seront gravées comme des cachets, chacune avec le nom de l'une des douze tribus »* (Exode 28.15-21).

Elle fait partie de l'un des fondements de la nouvelle Jérusalem :

« Les fondements de la muraille de la ville étaient ornés de pierres précieuses de toute espèce : le premier fondement était de jaspe, le second de saphir, le troisième de calcédoine, le quatrième d'émeraude, le cinquième de sardonyx, le sixième de sardoine, le septième **de chrysolithe**, *le huitième de béryl, le neuvième de topaze, le dixième de chrysoprase, le onzième d'hyacinthe, le douzième d'améthyste »* (Apocalypse 21.19-20).

La chrysolithe est une pierre de grande valeur (l'alliance nouvelle a été ratifiée par les mains percées de Jésus, c'est dire sa valeur !)

v14/b : « Son corps est de l'ivoire poli, couvert de saphirs »

L'ivoire provient d'un animal mort ; l'ivoire poli couvert de saphirs est une œuvre d'art de grande valeur !
Le corps meurtri de Jésus sur la croix était loin de ressembler à cela (l'ivoire a été bien taillardé !). Mais à présent dans le ciel il possède son corps de gloire resplendissant des richesses célestes.

v15/a : « Ses jambes sont des colonnes de marbre blanc, posées sur des bases d'or pur »

Des colonnes de marbre blanc : symbole de solidité !
Être de marbre signifie impassible. Rien n'a pu ébranler le bien-aimé. Ses jambes sont posées sur des bases d'or pur : la fondation est solide. Le diable n'a pu faire tomber le Seigneur et la mort n'a pu le retenir dans le tombeau ! Nous savons en qui nous avons cru. Le message de l'Évangile repose sur un solide fondement !

v15/b : « Son aspect est comme le Liban, distingué comme les cèdres »

Il est question ici de beauté et de majesté. Il y avait des cèdres dans le jardin d'Éden (Ézéchiel 31.8) et le Liban en comptait de nombreuses forêts. Le juste (Jésus) s'élève comme le cèdre du Liban (Psaume 92.13) : planté dans la maison de l'Éternel, il s'élève en majesté (il est Seigneur).

v16/a : « Son palais n'est que douceur »

Le palais sert à goûter les aliments !
Jésus a dû goûter l'amertume de la mort, pour nous en laisser la douceur : nous pouvons maintenant goûter à son pardon, sa guérison, son salut !

v16/b : « Et toute sa personne est pleine de charme. Tel est mon bien-aimé, tel est mon ami, filles de Jérusalem ! »

Charme : Darby a traduit : désirable !

Si quelqu'un nous interrogeait au sujet de Jésus, pourrions-nous le décrire ? demandons l'aide du Saint-Esprit !

Des cantiques bien appropriés pourraient nous aider à le décrire :

Quel Sauveur merveilleux je possède !
Il s'est sacrifié pour moi,
Et sa vie innocente Il cède
pour mourir sur l'infâme bois.

Attaché à la croix pour moi
Il a pris mon péché, Il m'a délivré...[12]

ou encore :

Chef couvert de blessures,
Meurtri par nous, pécheurs,
Chef accablé d'injures,
D'opprobres, de douleurs,
Des splendeurs éternelles
Naguère environné,

C'est d'épines cruelles
Qu'on te voit couronné ![13]

Sans oublier, bien entendu, de mettre l'accent sur sa résurrection d'entre les morts :

Ouvrez-vous, portes du tombeau !
Jésus paraît. Oh ! Qu'il est beau !
Il revit, ô merveille !
Le péché, l'enfer et la mort
En vain ont uni leurs efforts,
Mon rédempteur s'éveille !

Il vit. Je sais qu'il vit,
Je sais que mon rédempteur vit.[14]

6.1 (les filles de Jérusalem)

6.1 : « Où est allé ton bien-aimé, ô la plus belle des femmes ? De quel côté ton bien-aimé s'est-il dirigé ? Nous le chercherons avec toi »

Où est allé ton bien-aimé ? De quel côté s'est-il dirigé ? Elle l'avait décrit (ci-dessus et en 5.10-16), et les filles de Jérusalem en avaient une certaine connaissance, ce qui est bien ; mais le plus important c'est de vivre avec lui (on peut connaître des choses sur le Seigneur, mais le plus important c'est de le connaître, Lui !) :

---

[12] Extrait n° 494 recueil Chœurs et Cantiques
[13] Cantique 100 AF (extraits)
[14] Cantique 559 AF (extraits)

Jésus disait à son Père : « *Or, la vie éternelle, c'est qu'ils te connaissent, toi, le seul vrai Dieu, et celui que tu as envoyé, Jésus-Christ* » (Jean 17.3).

Néanmoins, la question demeure intéressante : Où est allé Jésus ?
Sans équivoque nous pouvons répondre avec l'Écriture : à la droite du Père, dans le lieu Très saint du sanctuaire céleste. Il est allé nous préparer une place, comme il l'avait promis :

« *Que votre cœur ne se trouble point. Vous croyez en Dieu, croyez aussi en moi. Il y a beaucoup de demeures dans la maison de mon Père. Si cela n'était pas, je vous l'aurais dit. Je vais vous préparer une place. Et, lorsque je m'en serai allé, et que je vous aurai préparé une place, je reviendrai, et je vous prendrai avec moi, afin que là où je suis vous y soyez aussi. Vous savez où je vais, et vous en savez le chemin* » (Jean 14.1-4).

Nous le chercherons avec toi : le témoignage de la Sulamithe, malgré ses infidélités, avait quand même suscité dans le cœur des filles de Jérusalem, le désir de le rencontrer !

6. 2-3 (La Sulamithe)

v2 : **« Mon bien-aimé est descendu à son jardin, au parterre d'aromates, pour faire paître son troupeau dans les jardins, et pour cueillir des lis »**

Au fond d'elle-même, elle savait où le trouver ! Quand on a « perdu » Jésus (ou plutôt quand on a perdu le contact avec lui) on sait où et comment le retrouver : dans son jardin, parmi son troupeau (autrement dit : dans sa Parole, au travers de la prière et dans la communion fraternelle).

v3 : **« Je suis à mon bien-aimé, et mon bien-aimé est à moi ; Il fait paître son troupeau parmi les lis »**

On remarque une progression dans son attachement au bien-aimé et dans son attitude à son égard (voir 2.16 ; 6.3 ; 7.11 ; page 7)

6.4 à 10 (Salomon)

C'est la description habituelle de la bien-aimée (les versets 5 à 7 ont déjà été évoqués plus haut au chapitre 4.1-3 p.32-38, nous n'y reviendrons pas). Mais notons que les répétitions dans la Bible ne sont jamais inutiles (nous sommes parfois oublieux) ; ici la leçon paraît évidente : malgré nos infidélités, le Seigneur nous voit toujours de la même manière ! Nous n'avons pas perdu de valeur à ses yeux !
Quelques détails sont omis, il est vrai, mais quelques autres ont été ajoutés :

v4 : « Tu es belle, mon amie, comme Thirtsa, agréable comme Jérusalem, mais terrible comme des troupes sous leurs bannières »

Thirtsa était une ville renommée pour sa beauté, ses jardins... (Josué la prit aux Cananéens : Josué 12.24). Notre divin Josué a conquis notre cœur !

Dans l'Apocalypse, l'épouse n'est-elle pas comparée à une ville ? Ainsi que l'a vue l'apôtre Jean :

« Puis un des sept anges qui tenaient les sept coupes remplies des sept derniers fléaux vint, et il m'adressa la parole, en disant : Viens, je te montrerai l'épouse, la femme de l'agneau. Et il me transporta en esprit sur une grande et haute montagne. Et il me montra la ville sainte, Jérusalem, qui descendait du ciel d'auprès de Dieu, ayant la gloire de Dieu. Son éclat était semblable à celui d'une pierre très précieuse, d'une pierre de jaspe transparente comme du cristal » (Apocalypse 21.9-11).

L'Église est belle...mais elle est terrible !
Belle car elle est parée de la justice de Dieu par la foi en Jésus-Christ ; belle car elle est la fiancée de Christ dans ce temps présent ; belle car elle sera l'épouse de l'Agneau dans l'éternité ; mais terrible, car elle est comme des troupes sous leurs bannières !
Elle est en guerre, elle combat, elle remporte des victoires contre l'ennemi (sous la bannière de la croix) :

« Il a été précipité, l'accusateur de nos frères, celui qui les accusait devant notre Dieu jour et nuit. Ils l'ont vaincu à cause du sang de l'Agneau et à cause de la parole de leur témoignage » (Apocalypse 12.10).

Ce qui fait sa force, c'est son unité, sa vie de prière, sa confiance au Saint-Esprit, sa foi...et surtout son Chef : Jésus le Roi des rois, et le Seigneur des seigneurs !

Jésus n'est pas seulement l'Agneau immolé, mais il est aussi le lion de la tribu de Juda :
« L'un des anciens me dit : Ne pleure point ; voici, le lion de la tribu de Juda, le rejeton de David, a vaincu pour ouvrir le livre et ses sept sceaux. Et je vis, au milieu du trône et des quatre êtres vivants et au milieu des anciens, un Agneau qui était là comme immolé. Il avait sept cornes et sept yeux, qui sont les sept esprits de Dieu envoyés par toute la terre » (Apocalypse 5.5-6).

Jésus sauve (il est l'Agneau) ; il est plein de force et il va régner (il est le lion).

v8 : « Il y a 60 reines, 80 concubines, et des jeunes filles sans nombre »

Dans l'Église (au sens large du terme ; disons : dans la chrétienté !) il y en a des reines, des concubines et des jeunes filles sans nombre, c'est-à-dire des gens qui portent des titres, des gens qui ne sont pas entrés dans l'alliance, et des multitudes égarées qui se disent « chrétiens » ! Mais sont-ils nés de nouveau ?
Ils font davantage partie (pour la plupart d'entre eux du moins, et sans qu'ils s'en rendent véritablement compte) de cette Babylone infidèle que de la Jérusalem céleste !

v9/a : « Une seule est ma colombe, ma parfaite ; elle est l'unique de sa mère, la préférée de celle qui lui donna le jour »

Le bien-aimé ne s'y trompe pas (et on ne peut le tromper) : une seule est ma colombe, ma parfaite (elle est l'unique : le Seigneur n'a pas 2 Églises !)
Le Seigneur connaît et reconnaît ceux qui lui appartiennent !
Celle qui lui donna le jour : il est question de naissance : ceux qui lui appartiennent sont ceux qui sont nés de nouveau (ou d'en haut) :
« C'est-à-dire que ce ne sont pas les enfants de la chair qui sont enfants de Dieu, mais ce sont les enfants de la promesse qui sont regardés comme la postérité » (Romains 9.8).

v9/b : « Les jeunes filles la voient, et la disent heureuse ; les reines et les concubines aussi, et elles la louent »

Parmi les croyants de nom, il y en a malgré tout qui savent reconnaître les vrais chrétiens (et dont le cœur est bien disposé) ; et pour eux cette parole est adressée :

« Et j'entendis du ciel une autre voix qui disait : Sortez du milieu d'elle (Babylone), mon peuple, afin que vous ne participiez point à ses péchés, et que vous n'ayez point de part à ses fléaux. Car ses péchés se sont accumulés jusqu'au ciel, et Dieu s'est souvenu de ses iniquités » (Apocalypse 18.4-5).

v10 : « Qui est celle qui apparaît comme l'aurore, belle comme la lune, pure comme le soleil, mais terrible comme des troupes sous leurs bannières ? »

Cette parole est à rapprocher du verset 4 : l'Église est à la fois belle et terrible ! Mais ici il y a un détail supplémentaire : l'aurore, c'est-à-dire l'annonce d'un jour nouveau (la lune va se retirer, le soleil va apparaître).
Pendant cette période actuelle (la nuit), l'Église est comme la lune qui reflète la lumière du soleil ; mais l'étoile du matin (Jésus) va apparaître et l'Église (la lune) sera retirée pour laisser la place au soleil de la justice : Jésus apportera par son règne millénaire un jour nouveau (car un jour est comme 1000 ans).

La répétition « belle » et « terrible » concernant l'Église a donc toute son importance : nous sommes encore dans le combat. Ne nous relâchons pas et un jour nous pourrons dire avec l'apôtre :

« ... le moment de mon départ approche. J'ai combattu le bon combat, j'ai achevé la course, j'ai gardé la foi. Désormais la couronne de justice m'est réservée ; le Seigneur, le juste juge, me la donnera dans ce jour-là, et non seulement à moi, mais encore à tous ceux qui auront aimé son avènement »
(2 Timothée 4.6-8).

6.11-12 (la Sulamithe)

v11/a : « Je suis descendue au jardin des noyers, pour voir la verdure de la vallée, pour voir si la vigne pousse, si les grenadiers fleurissent »

Elle avait rencontré à nouveau son bien-aimé (v2). Elle peut bénéficier à nouveau de son abondance.
Loin de Jésus, c'est la disette (spirituellement parlant), près de lui et en lui nous avons une nourriture solide et des bénédictions sans nombre !

v12 : « Je ne sais, mais mon désir m'a rendue semblable aux chars de mon noble peuple »

Elle ressent tout à nouveau la nécessité d'être au milieu du peuple de Dieu ! Seul on est vulnérable, ensemble on forme une armée (les chars de mon noble peuple) :

« Là où deux ou trois sont assemblés en mon nom, je suis au milieu d'eux » (Matthieu 18.20).

« Car c'est là que l'Éternel envoie la bénédiction, la vie, pour l'éternité » (Psaume 133.3).

V – Chapitre 7.1 à 8.4

(croissance dans la grâce)

7.1/a (les filles de Jérusalem)

v1/a : « Reviens, reviens, Sulamithe ! Reviens, reviens, afin que nous te regardions »

Comme la bien-aimée a été la seule à pouvoir entrer dans le jardin, les filles de Jérusalem réclament son retour pour la voir et la décrire.

7.1/b (Salomon)

v1/b : « Qu'avez-vous à regarder la Sulamithe comme une danse de deux chœurs ? »

Deux chœurs : en hébr « Mahanaïm » (deux camps, ou deux armées).

On trouve cette même expression en Genèse 32.2 : *« Jacob poursuivit son chemin ; et des anges de Dieu le rencontrèrent.*
En les voyant, Jacob dit : C'est le camp de Dieu ! Et il donna à ce lieu le nom de Mahanaïm »

Jacob s'apprêtait à rencontrer Ésaü, son frère !
C'est vrai qu'il partagera en 2 camps ses gens, mais juste avant il rencontre des anges de Dieu et c'est à ce moment-là qu'ils les nomment « le camp de Dieu ».
Il y a donc son propre camp (bien faible il est vrai) et celui du Dieu (tout-puissant).
C'est l'union du céleste et du terrestre ; le ciel s'unit à la terre ; comme le bien-aimé s'unit à la bien-aimée ; comme l'Éternel s'unit à Israël ; comme Christ s'unit à l'Église ; comme une âme s'unit à Jésus pour ne faire qu'un seul esprit avec lui ; comme une danse de deux chœurs (1 Corinthiens 6.17).

7.2 à 6 (les filles de Jérusalem)

v2/a : « Que tes pieds sont beaux dans ta chaussure, fille de prince ! »

La bien-aimée est appelée « fille de prince » : Jésus n'est-il pas le Prince ? Il est le Prince de la paix, et il nous donne sa paix. À noter que Salomon veut dire « pacifique » et Sulamithe dérive d'un mot qui signifie « paix ». Jésus est notre paix.

Plusieurs textes parlent en effet de Jésus comme « le Prince de la paix » ou encore « le Prince de la vie » :

« *Car un enfant nous est né, un fils nous est donné, et la domination reposera sur son épaule ; on l'appellera Admirable Conseiller, Dieu puissant, Père éternel, Prince de la paix* »
(Ésaïe 9.6).

« *Vous avez fait mourir le Prince de la vie, que Dieu a ressuscité d'entre les morts* » (Actes 3.15).

Que tes pieds...
L'Ancien et le Nouveau Testaments s'accordent pour dire : « *Qu'ils sont beaux sur les montagnes, les pieds de celui qui apporte de bonnes nouvelles, qui publie la paix ! De celui qui apporte de bonnes nouvelles, qui publie le salut ! De celui qui dit à Sion : ton Dieu règne !* » (Ésaïe 52.7 ; Romains 10.15).

Et Paul nous exhorte en ces termes : « *Mettez pour chaussure à vos pieds le zèle (ou les bonnes dispositions) que donne l'Évangile de paix* » (Éphésiens 6.15).

v2/b : « **Les contours de ta hanche sont comme des colliers, œuvre des mains d'un artiste** »

Dieu façonne notre vie spirituelle comme il a façonné nos corps.
Il est le créateur : c'est un véritable artiste !
Quand on réfléchi à nos corps, on ne peut que s'écrier comme le psalmiste :
« *Je te loue de ce que je suis une créature si merveilleuse. Tes œuvres sont admirables, et mon âme le reconnaît bien* » (Psaume 139.14).

Le Saint-Esprit se sert de l'image du corps pour parler de l'Eglise par l'intermédiaire de Paul dans 1 Corinthiens 12 ; et le Saint-Esprit s'en sert dans le Cantique des cantiques pour décrire la bien-aimée : à nous d'en faire une application spirituelle pour notre édification.

Ta hanche : elle sert à nous tenir debout et à nous déplacer. Elle nous parle aussi au plan spirituel : Jacob l'a appris à ses dépens. Lui qui avait décidé de faire à sa guise sera frappé à l'emboîture de la hanche (il apprendra à marcher dans les voies de Dieu) :

« *Jacob demeura seul. Alors un homme lutta avec lui jusqu'au lever de l'aurore. Voyant qu'il ne pouvait le vaincre, cet homme le frappa à l'emboîture de la hanche ; et l'emboîture de la hanche de Jacob se démit pendant qu'il luttait avec lui... Jacob appela ce lieu du nom de Peniel : car, dit-il, j'ai vu Dieu face à face, et mon âme a été sauvée. Le soleil se levait, lorsqu'il passa Peniel. Jacob boitait de la hanche.*

C'est pourquoi jusqu'à ce jour, les enfants d'Israël ne mangent point le tendon qui est à l'emboîture de la hanche ; car Dieu frappa Jacob à l'emboîture de la hanche, au tendon » (Genèse 32.24-32).

v3 : «**Ton sein est une coupe arrondie, où le vin parfumé ne manque pas ; ton corps est un tas de froment, entouré de lis** »
Ton sein : litt « ton nombril » !
Il s'agit donc de la cicatrice du cordon ombilical : de même que nous sommes nés selon la chair, nous sommes aussi nés selon l'Esprit (nouvelle naissance), et cela doit se voir.

Quelqu'un a dit ceci : « Celui qui ne naît qu'une fois, meurt deux fois ; celui qui naît deux fois ne meurt qu'une fois ».

Jésus l'a dit à Nicodème : « *En vérité, en vérité, je te le dis, si un homme ne naît de nouveau, il ne peut voir le royaume de Dieu* » (Jean 3.3).

« *Heureux et saints ceux qui ont part à la première résurrection ! La seconde mort n'a point de pouvoir sur eux ...* » (Apocalypse 20.6).

Notre vie nouvelle ressemble à une coupe arrondie où le vin parfumé ne manque pas :

« *Car le royaume de Dieu, ce n'est pas le manger et le boire, mais la justice, la paix et la joie, par le Saint-Esprit* » (Romains 14.17).

Ton corps : litt « ton ventre » !
Le ventre nous parle des entrailles, comme dans les exemples suivants :
« *Ainsi donc, comme des élus de Dieu, saints et bien-aimés, revêtez-vous d'entrailles de miséricorde, de bonté, d'humilité, de douceur, de patience...* » (Colossiens 3.12).

« *Si quelqu'un possède les biens du monde, et que, voyant son frère dans le besoin, il lui ferme ses entrailles, comment l'amour de Dieu demeure-t-il en lui ?* » (1 Jean 3.17).

« *Paroles du roi Lemuel. Sentences par lesquelles sa mère l'instruisit. Que te dirai-je, mon fils ? Que te dirai-je, fils de mes entrailles ? Que te dirai-je, mon fils, objet de mes vœux ?* » (Proverbes 31.2).

Ton corps est un tas de froment entouré de lis : cela nous parle de vie, d'abondance. Ne sommes-nous pas nés de nouveau pour donner la vie à notre tour ? (c'est-à-dire à être fécond spirituellement parlant et à enfanter des âmes pour le royaume de Dieu).

v4 : « **Tes deux seins sont comme deux faons, comme les jumeaux d'une gazelle** »

Enfanter des âmes à Christ ne suffit pas, encore faut-il les nourrir. L'Église est comme une mère qui nourrit les nouveaux-nés spirituels :

Rappelons que Paul, s'adressant à des nouveaux convertis, leur disait ceci : *« Nous avons été pleins de douceur au milieu de vous. De même qu'une nourrice prend un tendre soin de ses enfants »* (1 Thessaloniciens 2.7).

Et, pour reprendre l'image du prophète : *« Comme un berger, il paîtra son troupeau, Il prendra les agneaux dans ses bras, et les portera contre sa poitrine ; Il conduira les brebis qui allaitent »* (Ésaïe 40.11).

v5 : « Ton cou est comme une tour d'ivoire ; tes yeux sont comme les étangs de Hesbon, près de la porte de Bath-Rabbim ; ton nez est comme la tour du Liban, qui regarde du côté de Damas »

Ton cou...tes yeux...ton nez.

Ton cou est une tour d'ivoire !
(nous en avons déjà parlé : l'ivoire provient des défenses d'un animal abattu – ces défenses qui faisaient sa force ; le cou raide est le symbole de l'insoumission) :
Notre véritable force est dans la mort à soi-même et dans la soumission à la volonté de Dieu.

Tes yeux sont comme les étangs de Hesbon (ville moabite où se trouvaient des *"viviers"* [15]).
Un étang est synonyme d'égoïsme (il reçoit et ne donne rien) ; un vivier (comme son nom l'indique) reçoit la vie et la donne.
Que nos yeux soient des viviers et non des étangs : ne convoitons pas pour posséder toujours plus de choses, mais (comme Jésus) soyons émus de compassion en voyant les foules, et apportons la vie là où se trouve la mort.

Ton nez est comme la tour du Liban : Il faut monter en haut de la tour et guetter ; regarder du côté de Damas (c'est de là que peut venir le danger – l'ennemi).

Le nez nous parle de l'odorat ! Il faut avoir un minimum de flair (de discernement au plan spirituel) :

« Bien-aimés, n'ajoutez pas foi à tout esprit ; mais éprouvez les esprits, pour savoir s'ils sont de Dieu, car plusieurs faux prophètes sont venus dans le monde. Reconnaissez à ceci l'Esprit de Dieu : tout esprit qui confesse Jésus-Christ venu en chair est de Dieu ; et tout esprit qui ne confesse pas Jésus n'est pas de Dieu, c'est celui de l'antichrist, dont vous avez appris la venue, et qui maintenant est déjà dans le monde » (1 Jean 4.1).

---

[15] Traduction Bible Martin

v6 : « Ta tête est élevée comme le Carmel, et les cheveux de ta tête sont comme la pourpre ; un roi est enchaîné par des boucles ! ... »

Baisser la tête était un signe de défaite ; lever la tête un signe de victoire. Élie (au mont Carmel) n'a pas baissé la tête devant les faux prophètes de Baal (1 Rois 18).

Les cheveux de ta tête sont comme des reflets de pourpre (symbole de la royauté) ; le roi est enchaîné par (tes) boucles :
le roi (Salomon) se réjouit de sa chevelure avec les reflets pourpre, symbole de la reconnaissance de sa propre royauté sur la bien-aimée (de même l'Église est comme le reflet de la royauté de Jésus, par sa soumission de cœur à sa Seigneurie).

7.7 à 10/a (Salomon)

v7 : « Que tu es belle, que tu es agréable, ô mon amour, au milieu des délices ! »

Salomon poursuit la description de la Sulamithe, commencée au v2 par les filles de Jérusalem.

La beauté de l'Église a été à plusieurs reprises soulignée ; mais ici il y a un adjectif supplémentaire : agréable !

Une personne peut être belle sans pour autant être agréable !
Rappelons que la véritable beauté est celle du cœur :

« Ayez, non (pas seulement) cette parure extérieure qui consiste dans les cheveux tressés, les ornements d'or, ou les habits qu'on revêt, mais la parure intérieure et cachée dans le cœur, la pureté incorruptible d'un esprit doux et paisible, qui est d'un grand prix devant Dieu » (1 Pierre 3.3-4).

v8 à 10/a : « Ta taille ressemble au palmier, et tes seins à des grappes.
9 Je me dis : Je monterai sur le palmier, j'en saisirai les rameaux ! Que tes seins soient comme les grappes de la vigne, le parfum de ton souffle comme celui des pommes,
10 et ta bouche comme un vin excellent ...»

Le bien-aimé et la bien-aimée goûtent à leur intimité. Rappelons que le Saint-Esprit emploie cette belle image du couple. Tout est pur pour ceux qui sont purs !

Il est vraisemblablement question de palmier-dattiers (v8) : il s'élance vers le ciel et ses palmes nous parlent de paix (comme l'étymologie du nom de Salomon) ; ses grappes de dattes servent de nourriture : la paix et la nourriture spirituelle se trouvent dans les lieux célestes en Christ ; à nous de les saisir (v9/a)

D'autre part le palmier est le symbole d'une vie cachée et enracinée en Dieu :

« Les justes croissent comme le palmier, ils s'élèvent comme le cèdre du Liban. Plantés dans la maison de l'Eternel, ils prospèrent dans les parvis de notre Dieu ; ils portent encore des fruits dans la vieillesse, ils sont pleins de sève et verdoyants... » (Psaume 92.13-14).

Enfin, les libres expressions du Cantique peuvent s'appliquer à l'Eglise (la vigne du Seigneur), qui passe par beaucoup de tribulations : elle est parfois écrasée, foulée au pressoir etc... mais elle finit par donner un vin excellent, celui de l'amour de Dieu manifesté en Jésus-Christ (v9/b à 10/a) et qui sera apprécié par le bien-aimé en priorité.

7.10/b à 8.3 (la Sulamithe)

v10/b : « ... qui coule aisément pour mon bien-aimé, et glisse sur les lèvres de ceux qui s'endorment ! »

Les deux êtres goûtent au repos complet : l'un (le bien-aimé) pour le donner parce qu'il le possède, l'autre (la bien-aimée) pour le recevoir.
Ce n'est pas une ivresse de vin, mais la plénitude de l'Esprit :

« Ne vous enivrez pas de vin : c'est de la débauche. Soyez, au contraire, (continuellement) remplis de l'Esprit » (Éphésiens 5.18).

Le contexte nous parle donc de la consommation de l'union, préfiguration des noces de l'Agneau :

« Il (Jésus) prit ensuite une coupe ; et, après avoir rendu grâces, il la leur donna, en disant : Buvez-en tous ; car ceci est mon sang, le sang de l'alliance, qui est répandu pour plusieurs, pour la rémission des péchés. Je vous le dis, je ne boirai plus désormais de ce fruit de la vigne, jusqu'au jour où j'en boirai du nouveau avec vous dans le royaume de mon Père » (Matthieu 26.27-29).

« Réjouissons-nous et soyons dans l'allégresse, et donnons-lui gloire ; car les noces de l'Agneau sont venues, et son épouse s'est préparée, et il lui a été donné de se revêtir d'un fin lin, éclatant, pur. Car le fin lin, ce sont les œuvres justes des saints » (Apocalypse 19.7-8).

v11 : « Je suis à mon bien-aimé, et ses désirs se portent vers moi »

La troisième étape de sa relation avec le bien-aimée est arrivée ; c'est la grande leçon du Cantique des cantiques !
(rappel : 2.16 ; 6.3 et ici 7.11) voir page 7

C'est à cela que l'Esprit de Dieu travaille dans notre vie : non seulement pour pourvoir à nos besoins, nous guérir de nos petits et de nos gros ennuis etc...mais de nous amener à une parfaite communion et à une parfaite ressemblance au Fils de Dieu :

À sa communion :
« *Il vous affermira aussi jusqu'à la fin, pour que vous soyez irréprochables au jour de notre Seigneur Jésus-Christ. Dieu est fidèle, lui qui vous a appelés à la communion de son Fils, Jésus-Christ notre Seigneur* » (1 Corinthiens 1.8-9).

À sa ressemblance :
« *Car ceux qu'il a connus d'avance, il les a aussi prédestinés à être semblables à l'image de son Fils, afin que son Fils fût le premier-né entre plusieurs frères* » (Romains 8.29).

v12 : « Viens, mon bien-aimé, sortons dans les champs, demeurons dans les villages ! »

L'union (communion) avec Christ doit se concrétiser par une *action* avec Christ : Sortons (toi et moi).
La grande mission de l'Église, c'est d'aller :

« *Puis il leur dit : Allez par tout le monde, et prêchez la bonne nouvelle à toute la création... Le Seigneur, après leur avoir parlé, fut enlevé au ciel, et il s'assit à la droite de Dieu...et ils s'en allèrent prêcher partout. Le Seigneur travaillait avec eux, et confirmait la parole par les miracles qui l'accompagnaient* » (Marc 16.15-20).

v13/a : « Dès le matin nous irons aux vignes, nous verrons si la vigne pousse, si la fleur s'ouvre, si les grenadiers fleurissent »

Dès le matin :
« *Car le royaume des cieux est semblable à un maître de maison qui sortit dès le matin, afin de louer des ouvriers pour sa vigne...* » (Matthieu 20.1).

« *Dès le matin sème ta semence, et le soir ne laisse pas reposer ta main ; car tu ne sais point ce qui réussira, ceci ou cela, ou si l'un et l'autre sont également bons* » (Ecclésiaste 11.6).

Le matin Jésus priait ; le matin du premier jour de la semaine il est ressuscité ; il est l'étoile brillante du matin...

v13/fin et 14 : « Là je te donnerai mon amour.
14 Les mandragores répandent leur parfum, et nous avons à nos portes tous les meilleurs fruits, nouveaux et anciens : Mon bien-aimé, je les ai gardés pour toi »

Les mandragores :
Autre mention dans les Écritures : *«Ruben sortit au temps de la moisson des blés, et trouva des mandragores dans les champs. Il les apporta à Léa, sa mère. Alors Rachel dit à Léa : Donne moi, je te prie, des mandragores de ton fils. Elle lui répondit : Est-ce peu que tu aies pris mon mari, pour que tu prennes aussi les mandragores de mon fils ? Et Rachel dit : Eh bien ! il couchera avec toi cette nuit pour les mandragores de ton fils. Le soir, comme Jacob revenait des champs, Léa sortit à sa rencontre, et dit : C'est vers moi que tu viendras, car je t'ai acheté pour les mandragores de mon fils. Et il coucha avec elle cette nuit. Dieu exauça Léa, qui devint enceinte, et enfanta un cinquième fils à Jacob »* (Genèse 30.14-17).

Le mot hébreu pour « mandragore » est proche de celui qui signifie « amour ». La mandragore a été appelée « pomme d'amour ». Elle favorisait la fécondité car elle stimulait le désir.

Au plan spirituel le Saint-Esprit, qui nous permet de porter tous les meilleurs fruits, fait naître en nous le désir de nous identifier toujours plus à Christ, comme l'exprime Paul dans l'Épître aux Romains :

« En effet, si nous sommes devenus une même plante avec lui par la conformité à sa mort, nous le serons aussi par la conformité à sa résurrection, sachant que notre vieil homme a été crucifié avec lui, afin que le corps du péché fût détruit, pour que nous ne soyons plus esclaves du péché ; car celui qui est mort est libre du péché. Or, si nous sommes morts avec Christ, nous croyons que nous vivrons aussi avec lui, sachant que Christ ressuscité d'entre les morts ne meurt plus ; la mort n'a plus de pouvoir sur lui. Car il est mort, et c'est pour le péché qu'il est mort une fois pour toutes ; il est revenu à la vie, et c'est pour Dieu qu'il vit. Ainsi vous-mêmes, regardez-vous comme morts au péché, et comme vivants pour Dieu en Jésus-Christ. Que le péché ne règne donc point dans votre corps mortel, et n'obéissez pas à ses convoitises. Ne livrez pas vos membres au péché, comme des instruments d'iniquité ; mais donnez-vous vous-mêmes à Dieu, comme étant vivants de morts que vous étiez, et offrez à Dieu vos membres, comme des instruments de justice. Car le péché n'aura point de pouvoir sur vous, puisque vous êtes, non sous la loi, mais sous la grâce » (Romains 6.5-14).

C'est ainsi que, restant attachés au divin Cep, nous porterons des fruits nouveaux et anciens !
Mais il ne faut pas que les nouveaux éliminent les anciens et que les anciens empêchent les nouveaux de s'exprimer.

Les choses nouvelles que nous découvrons dans la Parole de Dieu ne doivent pas nous faire oublier les choses anciennes que nous avons découvertes il y a des années !

Que les nouveaux ouvriers ne mettent pas de côté les anciens !
Et que les anciens aiment et accueillent les nouveaux !

Que les nouveaux chants n'éliminent pas les anciens, et que les anciens s'enrichissent des nouveaux !
Etc...

8v1 : « Oh ! Que n'es-tu mon frère, allaité par ma mère ! Je te rencontrerais dehors, je t'embrasserais, et l'on ne me mépriserait pas »

Autrement dit : comme j'aimerais que tu sois mon frère, je rencontrerais moins de difficultés !
N'ayons pas honte du Seigneur, il n'a pas eu honte de nous :

« Celui qui sanctifie et ceux qui sont sanctifiés sont tous issus d'un seul. C'est pourquoi il n'a pas honte de les appeler frères, lorsqu'il dit : J'annoncerai ton nom à mes frères, Je te célébrerai au milieu de l'assemblée. Et encore : Je me confierai en toi. Et encore : Me voici, moi et les enfants que Dieu m'a donnés » (Hébreux 2.11-13).
« N'aie donc point honte du témoignage à rendre à notre Seigneur, ni de moi son prisonnier. Mais souffre avec moi pour l'Évangile, par la puissance de Dieu »
(2 Timothée 1.8).

« Car je n'ai point honte de l'Évangile : c'est une puissance de Dieu pour le salut de quiconque croit, du Juif premièrement, puis du Grec, parce qu'en lui est révélée la justice de Dieu par la foi et pour la foi, selon qu'il est écrit : Le juste vivra par la foi » (Romains 1.16).

« Car quiconque aura honte de moi et de mes paroles, le Fils de l'homme aura honte de lui, quand il viendra dans sa gloire, et dans celle du Père et des saints anges » (Luc 9.26).

v 2 : « Je veux te conduire, t'amener à la maison de ma mère ; tu me donneras tes instructions, et je te ferai boire du vin parfumé, du moût de mes grenades »

Elle souhaite être enseignée dans le privé : en particulier Jésus expliquait tout à ses disciples. Marie, assise aux pieds du Seigneur écoutait sa parole dans la maison de Béthanie.
Mais écouter les instructions ne suffit pas :

Autrefois la Sulamithe aimait tout recevoir de son bien-aimé, à présent elle comprend qu'elle doit donner : c'est un signe de maturité !

v3 : « Que sa main gauche soit sous ma tête, et que sa droite m'embrasse ! »
(comme en 2.6)

Quand bien même nous aurions fait de riches et profondes expériences avec le Seigneur, nous avons toujours besoin de ses bras protecteurs. Restons dans sa dépendance !

8.4 (Salomon)

v4 : « Je vous en conjure, filles de Jérusalem, ne réveillez pas, ne réveillez pas l'amour, avant qu'elle le veuille »
(comme en 2.7 et 3.5)

Les filles de Jérusalem, malgré les progrès qu'elles ont pu réaliser, ne sont pas encore arrivées à un degré de compréhension suffisant : pour la troisième fois elles ont besoin d'entendre Salomon leur parler de cette manière !

VI – Chapitre 8.5 à 14

(la maturité)

8.5/a (les filles de Jérusalem)

v5/a : « Qui est celle qui monte du désert *(des peuples)*, appuyée sur son bien-aimé ? »

(Même question qu'en 3.6) mais avec cette précision : appuyée sur son bien-aimé !
Cette fois-ci elle ne compte plus sur sa propre force mais elle s'appuie sur son bien-aimé (la bien-aimée vient de toutes les nations de la diaspora).
Il devrait en être ainsi pour nous !

Sur quoi (sur qui) nous appuyons-nous ? Nous sommes invités à compter sur le Seigneur et sur sa force toute-puissante :

« *Ceux-ci s'appuient sur leurs chars, ceux-là sur leurs chevaux ; nous, nous invoquons le nom de l'Éternel, notre Dieu. Eux, ils plient, et ils tombent ; nous, nous tenons ferme, et restons debout* » (Psaume 20.8).

« *Quiconque parmi vous craint l'Éternel, qu'il écoute la voix de son serviteur ! Quiconque marche dans l'obscurité et manque de lumière, qu'il se confie dans le nom de l'Éternel, et qu'il s'appuie sur son Dieu !* » (Ésaïe 50.10).

« *Confie-toi en l'Éternel de tout ton cœur, et ne t'appuie pas sur ta sagesse ; reconnais-le dans toutes tes voies, et il aplanira tes sentiers* » (Proverbes 3.5).

Nous nous appuyons sur Jésus :
« *Car en lui habite corporellement toute la plénitude de la divinité. Vous avez tout pleinement en lui, qui est le chef de toute domination et de toute autorité* » (Colossiens 2.8).

C'est ce qu'ont fait Paul et Barnabas :

« *Ils restèrent cependant assez longtemps à Icone, parlant avec assurance, appuyés sur le Seigneur, qui rendait témoignage à la parole de sa grâce et permettait qu'il se fît par leurs mains des prodiges et des miracles* » (Actes 14.3).

« *C'est pourquoi ainsi parle le Seigneur, l'Éternel : Voici, j'ai mis pour fondement en Sion une pierre, une pierre éprouvée, une pierre angulaire de prix, solidement posée ; celui qui la prendra pour appui n'aura point hâte de fuir* » (Ésaïe 28.16).

Ce qui est interprété dans le Nouveau Testament de la manière suivante :

« Car il est dit dans l'Écriture : Voici, je mets en Sion une pierre angulaire, choisie, précieuse ; et celui qui croit en elle ne sera point confus » (1 Pierre 2.6).

Soyons aussi de bons appuis pour ceux qui chancellent !

8.5/b à 7 (Salomon)

v5/b : « **Je t'ai réveillée sous le pommier ; là ta mère t'a enfantée, c'est là qu'elle t'a enfantée, qu'elle t'a donné le jour** »

Je t'ai réveillé sous le pommier : le réveil se trouve dans la présence du Seigneur (2.3) et nulle part ailleurs !
On aura beau parcourir la terre entière...c'est en Christ, et en lui seul, que nous avons tout pleinement ! On peut le trouver...partout !
Comme il est à nouveau question ici de naissance naturelle (voir aussi 3.4) on peut dire que le réveil s'apparente à un nouveau départ, comme une nouvelle existence, au plan spirituel !

v6/a : « **Mets-moi comme un sceau sur ton cœur, comme un sceau sur ton bras** »

Il n'est bien entendu pas question de porter des signes ostentatoires de la « religion » chrétienne, mais d'avoir un *cœur* et un *bras* pour le Seigneur, c'est-à-dire : de l'aimer de tout son *cœur* et de toute sa *force* ; autrement dit de joindre l'action à notre amour ; tout en sachant que l'action ne remplacera jamais l'amour : elle en est simplement la conséquence !

v6/b : « **Car l'amour est fort comme la mort, la jalousie est inflexible comme le séjour des morts ; ses ardeurs sont des ardeurs de feu, une flamme de l'Eternel** »

L'amour est fort comme la mort :

« Mais Dieu prouve son amour envers nous, en ce que, lorsque nous étions encore des pécheurs, Christ est mort pour nous. A plus forte raison donc, maintenant que nous sommes justifiés par son sang, serons-nous sauvés par lui de la colère » (Romains 5.8).

« Sois fidèle jusqu'à la mort, et je te donnerai la couronne de vie » (Apocalypse 2.10/b).

La jalousie...
Dieu est un Dieu « jaloux » (pas à la manière des hommes qui sont capables d'aller jusqu'au meurtre, comme Caïn) ; Paul parle de la jalousie de Dieu (qui l'animait) en ces termes :

« Car je suis jaloux de vous d'une jalousie de Dieu, parce que je vous ai fiancés à un seul époux, pour vous présenter à Christ comme une vierge pure » (2 Corinthiens 11.2).

et Jacques de son côté :
« Croyez-vous que l'Écriture parle en vain ? C'est avec jalousie que Dieu chérit l'Esprit qu'il a fait habiter en nous ».
Autre traduction : Dieu aime jusqu'à la jalousie l'Esprit qu'il a fait habiter en vous (Jacques 4.5).

Ses ardeurs...
Notre Dieu est aussi un feu dévorant !
Malheur à ceux qui "touchent" au peuple de Dieu ! (« Je suis Jésus que tu persécutes » : Actes 9.5)
Même quand Israël était infidèle et que Dieu intervenait par le biais des nations, celles-ci étaient châtiées à leur tour pour avoir maltraité le peuple de Dieu !

v7/a : « Les grandes eaux ne peuvent éteindre l'amour, et les fleuves ne le submergeraient pas »

Quand on aime, les épreuves les plus cruelles ne peuvent éteindre l'amour. Celui qui aime profondément le Seigneur lui restera fidèle « jusqu'à la mort » ! La maison bâtie sur le roc résiste :

« Quand l'ennemi viendra comme un fleuve, l'Esprit de l'Éternel le mettra en fuite » (Ésaïe 59.12).

Nous avons les promesses de Dieu :

« Si tu traverses les eaux, je serai avec toi ; et les fleuves, ils ne te submergeront point ; si tu marches dans le feu, tu ne te brûleras pas, et la flamme ne t'embrasera pas » (Ésaïe 43.2).

v7/b : « Quand un homme offrirait tous les biens de sa maison contre l'amour, il ne s'attirerait que le mépris »

Nous pouvons donner au Seigneur (et à l'œuvre du Seigneur) dîmes, offrandes, notre temps etc... mais ce que Dieu veut, c'est d'abord notre amour (s'il y a les deux c'est encore mieux !)

« Je connais tes œuvres, ton travail, et ta persévérance. Je sais que tu ne peux supporter les méchants ; que tu as éprouvé ceux qui se disent apôtres et qui ne le sont pas, et que tu les as trouvés menteurs ; que tu as de la persévérance, que tu as

souffert à cause de mon nom, et que tu ne t'es point lassé. Mais ce que j'ai contre toi, c'est que tu as abandonné ton premier amour » (Apocalypse 2.2-5).

« *ton premier amour* » : l'amour qui faisait que j'étais toujours le premier.

8.8 à 12 (la Sulamithe)

v8 : « Nous avons une petite sœur, qui n'a point encore de poitrine ; que ferons-nous de notre sœur, le jour où on la recherchera ? »

Certains ont vu dans la « petite sœur », les 10 tribus d'Israël (en effet à l'époque de Salomon il n'y avait pas encore eu la division parmi les tribus) mais ne peut-on pas y voir tout simplement l'Église à venir (la « petite sœur » d'Israël) qui n'était pas encore formée ?

« *Selon (que Dieu) le dit dans Osée : J'appellerai mon peuple celui qui n'était pas mon peuple, et bien-aimée celle qui n'était pas la bien-aimée ; et là où on leur disait : Vous n'êtes pas mon peuple ! ils seront appelés fils du Dieu vivant* » (Romains 9.25).

v9/a : « Si elle est un mur, nous bâtirons sur elle des créneaux d'argent »

Le mur marque une séparation.
L'Église sera un mur avec des créneaux d'argent : elle sera séparée du monde (comme aurait dû l'être Israël) par la rédemption (créneaux d'argent : l'argent nous parlant de rachat), c'est-à-dire qu'elle sera mise à part, séparée. L'Église est
dans le monde mais elle n'est pas *du* monde !

v9/b : « Si elle est une porte, nous la fermerons avec une planche de cèdre »

Comme cela a déjà été souligné, le bois de cèdre a été employé pour la construction du temple :

« *Voici, j'ai l'intention de bâtir une maison au nom de l'Éternel, mon Dieu, comme l'Éternel l'a déclaré à David, mon père, en disant : Ton fils que je mettrai à ta place sur ton trône, ce sera lui qui bâtira une maison à mon nom. Ordonne maintenant que l'on coupe pour moi des cèdres du Liban* » (1 Rois 5.5-6).

On employait aussi ce bois dans le cérémonial de purification :

« *Le sacrificateur ordonnera que l'on prenne, pour celui qui doit être purifié, deux oiseaux vivants et purs, du bois de cèdre, du cramoisi et de l'hysope... Il prendra l'oiseau vivant, le bois de cèdre, le cramoisi et l'hysope ; et il les trempera, avec l'oiseau vivant, dans le sang de l'oiseau égorgé sur l'eau vive. Il en fera sept fois l'aspersion sur celui qui doit être purifié de la lèpre »* (Lévitique 14.4-7).

Le vrai temple c'est Jésus, et le sang de son sacrifice peut seul nous protéger (la porte est fermée au mal, grâce à la planche de cèdre).

v10 : « Je suis un mur, et mes seins sont comme des tours ; j'ai été à ses yeux comme celle qui trouve la paix »

Viendra le jour où Israël pourra parler de cette manière !
Dans le millénium elle nourrira du lait de ses consolations toutes les nations. Elle trouvera enfin la paix, car le Prince de la paix sera assis sur son trône (en Israël) !

v11 : « Salomon avait une vigne à Baal-Hamon ; Il remit la vigne à des gardiens ; chacun apportait pour son fruit mille sicles d'argent »

Les gardiens de la vigne n'ont pas toujours été fidèles, comme l'a souligné Jésus lui-même :

« Écoutez une autre parabole. Il y avait un homme, maître de maison, qui planta une vigne. Il l'entoura d'une haie, y creusa un pressoir, et bâtit une tour ; puis il l'afferma à des vignerons, et quitta le pays. Lorsque le temps de la récolte fut arrivé, il envoya ses serviteurs vers les vignerons, pour recevoir le produit de sa vigne. Les vignerons, s'étant saisis de ses serviteurs, battirent l'un, tuèrent l'autre, et lapidèrent le troisième. Il envoya encore d'autres serviteurs, en plus grand nombre que les premiers ; et les vignerons les traitèrent de la même manière. Enfin, il envoya vers eux son fils, en disant : Ils auront du respect pour mon fils. Mais, quand les vignerons virent le fils, ils dirent entre eux : Voici l'héritier ; venez, tuons-le, et emparons-nous de son héritage. Et ils se saisirent de lui, le jetèrent hors de la vigne, et le tuèrent. Maintenant, lorsque le maître de la vigne viendra, que fera-t-il à ces vignerons ? Ils lui répondirent : Il fera périr misérablement ces misérables, et il affermera la vigne à d'autres vignerons, qui lui en donneront le produit au temps de la récolte. Jésus leur dit : N'avez-vous jamais lu dans les Écritures : La pierre qu'ont rejetée ceux qui bâtissaient est devenue la principale de l'angle ; c'est pourquoi, je vous le dis, le royaume de Dieu vous sera enlevé, et sera donné à une nation qui en rendra les fruits » (Matthieu 21.33-41).

Baal-Hamon signifie « le Seigneur de tous » (Juifs et non-Juifs ?).
Si le peuple d'Israël a été mis à l'écart au profit de l'Église, l'Église ne remplace pas Israël pour autant : le peuple (du moins une partie d'entre eux) reviendra au Seigneur. Le produit de la vigne reviendra au légitime propriétaire et les gardiens fidèles auront leur part :

v12 : « Ma vigne, qui est à moi, je la garde. À toi, Salomon, les 1000 sicles[16], et 200 à ceux qui gardent le fruit ! »

8.13 (Salomon)

v13 : « Habitante des jardins ! Des amis prêtent l'oreille à ta voix. Daigne me la faire entendre ! »

Il y aura toujours des gens qui nous écouteront !
Continuons de parler de Jésus ! Continuons de parler de notre bien-aimé !

8.14 (la Sulamithe)

v14 : « Fuis, mon bien-aimé ! Sois semblable à la gazelle ou au faon des biches, sur les montagnes des aromates ! »

Les dernières paroles semblent énigmatiques : certains y voient l'ascension, d'autres le retour de Jésus.

Il y a peut-être une explication intermédiaire : la bien-aimée qui éprouve le désir de voir son bien-aimé s'en aller...afin qu'il soit glorifié dans le ciel pour répandre le Saint-Esprit promis !
Si tel est le cas, alors il faut y voir le désir de tout racheté exprimé par l'apôtre Paul en ces termes :

« Mais s'il est utile pour mon œuvre que je vive dans la chair, je ne saurais dire ce que je dois préférer. Je suis pressé des deux côtés : j'ai le désir de m'en aller et d'être avec Christ, ce qui de beaucoup est le meilleur ; mais à cause de vous il est plus nécessaire que je demeure dans la chair. Et je suis persuadé, je sais que je demeurerai et que je resterai avec vous tous, pour votre avancement et pour votre joie dans la foi, afin que, par mon retour auprès de vous, vous ayez en moi un abondant sujet de vous glorifier en Jésus-Christ » (Philippiens 1.22-26).

Mais, tout en sachant que son travail ne sera pas vain (1 Corinthiens 15.58), la bien-aimée soupire après son bien-aimé :

« Et l'Esprit et l'épouse disent : Viens. Et que celui qui entend dise : Viens »
« Celui qui atteste ces choses dit : Oui, je viens bientôt. Amen ! Viens, Seigneur Jésus ! Que la grâce du Seigneur Jésus soit avec tous ! » (Apocalypse 22.17, 20).

---

[16] Pièces d'argent

Psaume 45

(Ce Psaume à lui seul est un résumé du Cantique des cantiques)
Au chef des chantres. Sur les lis. Des fils de Koré. Cantique. Chant d'amour.

Des paroles pleines de charme bouillonnent dans mon cœur.
Je dis : Mon œuvre est pour le roi !
Que ma langue soit comme la plume d'un habile écrivain !
Tu es le plus beau des fils de l'homme,
La grâce est répandue sur tes lèvres : C'est pourquoi Dieu t'a béni pour toujours.
Vaillant guerrier, ceins ton épée, — Ta parure et ta gloire,
Oui, ta gloire ! — Sois vainqueur, monte sur ton char, Défends la vérité, la douceur et la justice,
Et que ta droite se signale par de merveilleux exploits !
Tes flèches sont aiguës ;
Des peuples tomberont sous toi ;
Elles perceront le cœur des ennemis du roi.
Ton trône, ô Dieu, est à toujours ; le sceptre de ton règne est un sceptre d'équité.
Tu aimes la justice, et tu hais la méchanceté :
C'est pourquoi, ô Dieu, ton Dieu t'a oint d'une huile de joie, par privilège sur tes collègues[17].
La myrrhe, l'aloès et la casse parfument tous tes vêtements ;
Dans les palais d'ivoire les instruments à cordes te réjouissent.
Des filles de rois sont parmi tes bien-aimées ;
La reine est à ta droite, parée d'or d'Ophir.
Écoute, ma fille, vois, et prête l'oreille ;
Oublie ton peuple et la maison de ton père.
Le roi porte ses désirs sur ta beauté ; puisqu'il est ton Seigneur, rends-lui tes hommages.
Et, avec des présents, la fille de Tyr,
Les plus riches du peuple rechercheront ta faveur.
Toute resplendissante est la fille du roi dans l'intérieur du palais ;
Elle porte un vêtement tissu d'or.
Elle est présentée au roi, vêtue de ses habits brodés, Et suivie des jeunes filles, ses compagnes, qui sont amenées auprès de toi ;
On les introduit au milieu des réjouissances et de l'allégresse,
Elles entrent dans le palais du roi.
Tes enfants prendront la place de tes pères ;
Tu les établiras princes dans tout le pays.
Je rappellerai ton nom dans tous les âges :
Aussi les peuples te loueront éternellement et à jamais »

---

[17] « Ton trône ... collègues » : texte appliqué à Jésus en Hébreux 1.8-9

Oui, je veux morebooks!

i want morebooks!

Buy your books fast and straightforward online - at one of world's fastest growing online book stores! Environmentally sound due to Print-on-Demand technologies.

Buy your books online at
www.get-morebooks.com

Achetez vos livres en ligne, vite et bien, sur l'une des librairies en ligne les plus performantes au monde!
En protégeant nos ressources et notre environnement grâce à l'impression à la demande.

La librairie en ligne pour acheter plus vite
www.morebooks.fr

VDM Verlagsservicegesellschaft mbH
Heinrich-Böcking-Str. 6-8   Telefon: +49 681 3720 174   info@vdm-vsg.de
D - 66121 Saarbrücken   Telefax: +49 681 3720 1749   www.vdm-vsg.de

www.ingramcontent.com/pod-product-compliance
Lightning Source LLC
Chambersburg PA
CBHW031203160426
43193CB00008B/490